U0519410

人力资源管理
学习指南与练习

主　编◎常志军　苗　莉

副主编◎齐泽轩

西南财经大学出版社

中国·成都

图书在版编目(CIP)数据

人力资源管理学习指南与练习/ 常志军,苗莉主编;
齐泽轩副主编.--成都:西南财经大学出版社,2025.4. --ISBN 978-
7-5504-6605-0

Ⅰ.F243

中国国家版本馆 CIP 数据核字第 2025YZ7101 号

人力资源管理学习指南与练习

RENLI ZIYUAN GUANLI XUEXI ZHINAN YU LIANXI

主　编　常志军　苗　莉
副主编　齐泽轩

策划编辑:王甜甜
责任编辑:王甜甜
责任校对:雷　静
封面设计:墨创文化
责任印制:朱曼丽

出版发行	西南财经大学出版社(四川省成都市光华村街 55 号)
网　　址	http://cbs.swufe.edu.cn
电子邮件	bookcj@ swufe.edu.cn
邮政编码	610074
电　　话	028-87353785
照　　排	四川胜翔数码印务设计有限公司
印　　刷	成都市火炬印务有限公司
成品尺寸	185 mm×260 mm
印　　张	11.375
字　　数	263 千字
版　　次	2025 年 4 月第 1 版
印　　次	2025 年 4 月第 1 次印刷
书　　号	ISBN 978-7-5504-6605-0
定　　价	39.80 元

▶▶ 前言

"人力资源管理"是管理类专业的核心课程，是应用型本科院校人力资源管理专业的一门专业基础课，服务于人力资源管理专业培养具有坚定理想信念、深厚爱国情怀、扎实专业基础、崇高职业道德、优秀管理素养、良好创新意识，具备较强社会适应能力和职场竞争能力，能够从事人力资源管理及相关行政管理工作的应用型管理人才的人才培养目标。本课程以企业人力资源价值最大化为管理目标，以个体分析为基础，以人力资源的选、育、用、留等活动为主线，系统介绍了人力资源管理的相关理论和方法，注重学生知识—能力—素质的融合，始终强调学生自主性学习与探究性学习，始终致力于让课程兼具理论性、应用性、时代性和前沿性，培养学生现代人力资源管理制度体系设计及应用的能力，以及运用人力资源管理专业知识和技能解决企业实际问题的能力，帮助学生做好人力资源管理方面的知识及技能储备，为其今后在组织中更好地从事实际人力资源管理工作打下良好的理论与实践基础。

本教材根据马克思主义理论研究和建设工程（以下简称"马工程"）重点教材编写，坚持马克思主义立场观点方法，坚持以习近平新时代中国特色社会主义思想为指导，围绕人力资源管理的基本职能模块和重要前沿专题等，阐述了人力资源战略与规划、职位分析与胜任素质模型、人员招聘、培训与开发、绩效管理、薪酬管理、员工关系管理、国际人力资源管理、人力资源管理信息化与外包等内容。本教材使用大量篇幅阐述中国理念及中国实践，注重分析国际化、信息化背景下的跨文化管理、大数据应用等前沿问题，引导学生正确认识我国经济社会发展的巨大成就。本教材关注党政机关和事业单位、企业等不同类型组织的人力资源管理需要，兼顾效率与公平、兼顾对人力资源的激励性与保障性，体现两类组织的不同定位、功能和价值。

《人力资源管理学习指南与练习》借鉴了大量优秀成果，可作为马工程重点教材《人力资源管理》的配套参考书，本教材具有以下特色：

一、内容丰富，实用性和应用性强

《人力资源管理学习指南与练习》根据马工程重点教材《人力资源管理》编写，全书共十章的内容。每章由"学习目标""知识体系""拓展阅读""思政专栏""实战演练""技能训练""参考答案及解析"构成。部分习题为经济师（人力资源管理方向）考试科目的历年真题，学生通过练习，可以在一定程度上对上述证书考试有一个整体了解。知识体系专栏主要介绍了人力资源战略与规划、职位分析与胜任素质模型、人员招聘、培训与开发、绩效管理、薪酬管理、员工关系管理、国际人力资源管理、人力资源管理信息化与外包的基础理论及重难点，为学生学好本课程，扎实掌握人力资源管理的基础理论知识提供有效的帮助。拓展阅读聚焦人力资源管理学科前沿，反映人力资源管理教学研究的最新进展，帮助学生探索最新研究和应用。思政专栏将思政教育与专业教育相结合，构建课程思政教学体系。本教材结构合理，逻辑性强，尽可能用通俗的语言、少量的篇幅，帮助读者理解和掌握人力资源管理相关知识。

二、守正创新，内容符合应用型人才培养特点

为贯彻落实党的二十大精神，进一步落实立德树人根本任务、实施课程思政，本教材每一章均设置学习目标，包含知识目标、能力目标、素质目标。其中，素质目标主要涉及素养提升，让学生明确每章的学习目标；知识体系结合马工程重点教材各章节，介绍人力资源战略与规划、职位分析与胜任素质模型、人员招聘、培训与开发、绩效管理、薪酬管理、员工关系管理、国际人力资源管理、人力资源管理信息化与外包的基础理论及重难点；拓展阅读精选了人力资源管理领域的最新研究成果、行业报告和前沿趋势，为学生提供了丰富的课外学习资源；课程思政专栏将思政教育与专业教育相结合，构建课程思政教学体系；每章的最后设置"实战演练""技能训练"，让学生进一步理解和掌握所学知识。

在本教材撰写过程中，我们参考借鉴了大量本学科相关著作、教材与论文。随着人力资源管理的不断发展，我们将持续优化和更新本教材内容，确保其与时代同步。未来我们计划引入更多互动元素，如在线测试平台、视频讲解等，为学生提供更加便捷、高效的学习体验。同时，我们也期待与广大师生、行业专家及读者保持紧密联系，共同推动人力资源管理教育事业的进步与发展。

《人力资源管理学习指南与练习》由常志军、苗莉担任主编，齐泽轩担任副主编。本教材是团队合作的成果。常志军负责设计教材编撰的总体思路、主要内容和体例要求；苗莉负责所有章节的思政专栏、实战演练，以及"人力资源管理者职业发展：职业技能等级证书和专业技术资格考试剖析""经济专业技术资格考试人力资源管理专业考试大纲"的部分撰写；刘茹负责第一章绪论的撰写；高一搏负责第二章人力资源战略与规划的撰写；董晓雅负责第三章职位分析与胜任素质模型的撰写；刘玲负责第四章人员招聘的撰写；司爱丽负责第五章培训与开发的撰写；任盼盼负责第六章绩效管理的撰写；齐泽轩负责第七章薪酬管理的撰写；马俊梅负责第八章员工关系管理的撰写；黄远航负责第九章国际人力资源管理的撰写；王雪梅负责第十章人力资源管理信息化与外包的撰写；苗莉、黎浩飞扬完成了对所有初稿的修改、补充和最后的定稿工作。本教材不仅可以作为应用型高校的教材，也可以作为咨询机构、培训机构的培训教材，同时适合企业人力资源总监、行政总监、人力资源管理师、经济师等各类人士阅读。

本教材在教学思想及教学内容上做了初步的创新性尝试，其效果还有待实践检验。各位读者在使用本教材过程中如发现疏漏之处，敬请批评指正。

常志军

2024 年 11 月

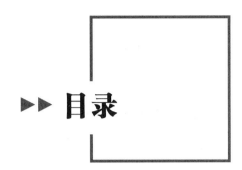

▶▶ **目录**

第一章

绪论

一、学习目标

（一）知识目标

1. 掌握人力资源的基本定义，明确其在组织和社会经济发展中的重要地位；掌握人力资源的特性，明确其对企业人员管理的重要影响。

2. 掌握人力资源管理的定义，深刻领会人力资源管理在实现企业战略目标、提高企业绩效、增强企业竞争力、促进企业可持续发展方面的重要作用。

3. 掌握人力资源管理的基本职能，理解各职能之间的相互关系，理解它们如何协同作用实现组织目标。

（二）能力目标

1. 能够精准界定人力资源的基本定义，深度剖析其在组织运营以及社会经济发展进程中的关键作用；能够把握人力资源的特性，对企业人员管理工作提出具有针对性的见解。

2. 能够透彻掌握人力资源管理的定义，深刻领会其在企业战略目标达成、绩效提升、竞争力增强和可持续发展等方面的核心价值。

3. 能够掌握人力资源管理的各项基本职能，清晰梳理各职能间的内在逻辑关系，懂得合理调配和协同运用这些职能。

（三）素质目标

1. 深刻认识到人力资源是社会发展的关键要素，培养尊重人才、重视人才的价值观，树立为社会发展贡献人才力量的责任感。

2. 培育职业道德，树立法律意识，坚守道德底线；学会倾听不同意见，培养开放包容的心态与团队协作精神；将个人职业发展与社会进步紧密联系，提升创新意识与社会服务理念。

（一）人力资源与人力资源管理

1. 人力资源的含义

人力是指人口中具有劳动能力的人，也称劳动力资源。人力资源属于资源这一大的范畴，是资源的一种具体形式。常见的资源形式包括自然资源、经济资源和人力资源等。人力资源的本质是人所具有的脑力和体力的总和，统称为劳动能力。这一能力对价值的创造起重要作用，成为价值形成的来源。这一能力要为组织所利用，组织指的是经济社会活动中的微观组织，如企业、学校、医院等。

2. 人力资源的特性

（1）能动性：在价值创造过程中，处于主动地位。

（2）时效性：无法储存，随时间而流逝。

（3）社会性：具备社会属性，其质量随着时代和社会因素的变化而变化。

（4）可增值性：在一定时间范围内，因开发而不断增强。

（5）可变性：其生成具备可控性，需要有组织、有计划的培养与开发。

（6）可开发性：具有无限的潜能与价值。

3. 人力资源管理的定义与作用

（1）定义★★★

①从人力资源管理的目的出发，人力资源管理是借助对人力资源的管理来实现组织目标。

②从人力资源管理承担的职能出发，人力资源管理是指一个组织内的活动过程。

③从人力资源管理的实体出发，人力资源管理是与人有关的制度、政策等。

④也有学者从目的、过程等方面出发综合地揭示人力资源管理的定义。

从综合的角度来看，人力资源管理是指组织通过各种政策、制度和管理实践，以吸引、保留、激励和开发员工，调动员工积极性，充分发挥员工潜能，进而促进组织目标实现的管理活动总和。

（2）作用

①人力资源管理与组织绩效

米切尔·谢帕克提出：虽然组织绩效的实现和提高有赖于人力资源管理的实践活动，但是人力资源管理不能单独对组织绩效产生作用，它必须和组织的环境、组织的经营战略及人力资源管理的支持这三个变量相互配合才能产生作用。

人力资源管理与组织绩效的关系如图 1-1 所示。

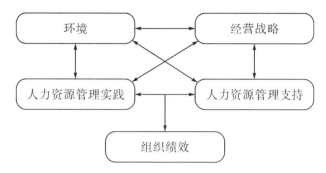

图 1-1　人力资源管理与组织绩效的关系

②人力资源管理与组织战略

组织战略的实施需要组织中各方面资源的共同支持，人力资源在这一环节中扮演着不可或缺的角色，人力资源管理的有效进行有助于组织战略的实现。人力资源管理与组织战略的关系如图 1-2 所示。

图 1-2　人力资源管理与组织战略的关系

（二）人力资源管理在西方的产生与发展

人力资源管理是发达国家在工业革命之后逐步产生和发展起来的，该过程包含以下七个阶段：

（1）萌芽阶段：劳动分工时代。

（2）初步建立阶段：科学管理时代。

（3）反思阶段：人际关系时代。

（4）发展阶段：行为科学时代。

（5）整合阶段：权变管理时代。

（6）战略阶段：战略管理时代。

（7）循证管理与数字化阶段：人力资源管理的现代化。

（三）人力资源管理在我国的产生与发展

我国具有五千多年的灿烂文明，古代文化典籍之中蕴藏着丰富的人事管理思想：①"为政之要，惟在得人"；②"致治之道，首重人才"；③"一人之身，才有长短，取其长则不问其短"。

隋唐时期创立的通过国家组织的考试选拔官员的科举制，不仅对当时的政权稳定和社会经济发展起到了很大的推动作用，而且为西方现代文官制度所借鉴。

鸦片战争之后到中华人民共和国成立之前，我国从传统的封建社会演变为半殖民地半封建社会，当时民族企业的人事管理具有两个基本特点：一是带有浓厚的封建色彩，企业大多是家族性质的小型私人企业；二是学习引进西方资本主义国家的科学管理方法。

新民主主义革命时期，以毛泽东同志为主要代表的中国共产党人在物质资源极度匮乏、敌强我弱的背景下，广泛发动人民群众，充分调动人民群众的积极性和创造性，建立了新中国，创造了人民战争的伟大成就，体现了新民主主义革命时期充分发挥人民群众力量的重要性。

在社会主义革命和建设时期，为了更好地充分发挥我国的人力资源优势，毛泽东提出，"为了建设伟大的社会主义社会，发动广大的妇女群众参加生产活动，具有极大的意义"①，"中国的妇女是一种伟大的人力资源。必须发掘这种资源，为了建设一个伟大的社会主义国家而奋斗"②。

20世纪60年代，虽然企业管理中还没有人力资源管理的相关概念和体系，但人力资源管理的思想已经充分得到体现。例如，大庆油田建设中，在制定和执行"鞍钢宪法"的过程中，许多人力资源管理的思想已经深入其中。

改革开放初期，干部人事制度是改革重点之一。邓小平指出："要有分工负责，要从上到下建立岗位责任制。这样，工作才能有秩序，有效率，才能职责分清，赏罚分明，不致拖延推诿，互相妨碍。"③

21世纪伊始，面对全球化的激烈竞争，党中央高度重视人力资源和人才工作。江泽民曾指出："人力资源是第一资源。实现科技进步，实现经济和社会发展，关键都在人……特别是要注重人力资源开发，加快人力资源能力的培育。"④

2003年12月，胡锦涛在全国人才工作会议上强调："把实施人才强国战略作为党和国家一项重大而紧迫的任务抓紧抓好，努力造就数以亿计的高素质劳动者、数以千万计的专门人才和一大批拔尖创新人才，建设规模宏大、结构合理、素质较高的人才队伍，充分发挥各类人才的积极性、主动性和创造性，开创人才辈出、人尽其才的新局面。"⑤

党的十八大以来，以习近平同志为核心的党中央更加重视人力资源开发，更加重视人才强国战略，更加重视干部队伍建设。2021年9月，习近平总书记在中央人才工作会议上的讲话指出："人才是衡量一个国家综合国力的重要指标。国家发展靠人才，民族振兴靠人才。我们必须增强忧患意识，更加重视人才自主培养，加快建立人才资源竞争优势。"⑥

① 毛泽东. 毛泽东文集：第6卷 [M]. 北京：人民出版社，1999：452-453.
② 毛泽东. 毛泽东文集：第6卷 [M]. 北京：人民出版社，1999：458.
③ 邓小平. 邓小平文选：第2卷 [M]. 北京：人民出版社，1994：97-98.
④ 江泽民. 在亚太经合组织第八次领导人非正式会议上的讲话 [N]. 人民日报，2000-11-17 (1).
⑤ 胡锦涛. 以"三个代表"重要思想为指导大力实施人才强国战略 为全面建设小康社会提供坚强人才保证和智力支持 [N]. 人民日报，2003-12-21 (1).
⑥ 习近平. 深入实施新时代人才强国战略 加快建设世界重要人才中心和创新高地 [N]. 人民日报，2021-09-29 (1).

（四）人力资源管理的基本职能及其关系

（1）基本职能★★★

人力资源管理的功能和目标是通过它所承担的各项职能和从事的各项活动来实现的，对于人力资源管理的职能和活动，国内外学者同样也存在各种不同的观点。综合考察各种划分方法可以发现，它们之间存在一些共同之处，这些共同职能就是人力资源管理应当承担的基本职能，我们可以将其概括为 7 个方面：人力资源战略与规划、职位分析与胜任素质模型、人员招聘、培训与开发、绩效管理、薪酬管理、员工关系管理。

（2）人力资源管理基本职能之间的关系

我们应当以一种系统的观点来看待人力资源管理的各项职能，它们之间并不是彼此割裂、孤立存在的，而是相互联系、相互影响，共同形成了一个有机的系统。人力资源管理基本职能之间的关系如图 1-3 所示。

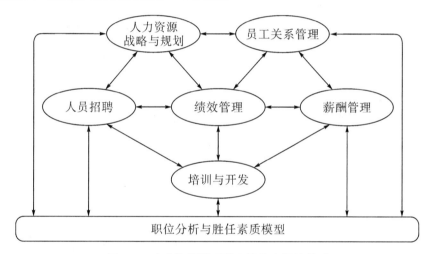

图 1-3　人力资源管理基本职能之间的关系

在该职能系统中，职位分析与胜任素质模型是一个平台，其他各项职能的实施基本上都要以此为基础。例如：人力资源战略与规划中，预测组织所需的人力资源数量和质量时，基本的依据就是职位的工作职责、工作量、任职资格与胜任素质模型，而这些正是职位分析与胜任素质模型的结果。

绩效管理职能在整个系统中处于核心地位，其他职能的运转与其紧密相连。例如：员工的招聘与绩效考评相关，人力资源管理从业者可以对来自不同渠道的员工的绩效进行比较，从中得出经验性的结论，从而实现招聘渠道的优化。

人力资源管理的其他职能之间也同样存在着密切的关系。例如：招聘计划的制订要依据人力资源规划，招聘什么样的员工、招聘多少员工，这些都是人力资源规划的结果。

（五）人力资源管理的学习方法

（1）要理解人作为经济社会发展的推动者和作为被管理对象之间的关系

人力资源管理与管理学的其他分支不同，因为其管理对象是人，对人的研究不能简单等同于对物的研究。管理学中的物往往是同质性的，而人会因其所处的生存环境，包括政治、经济、社会、文化、生态等的不同而持有不同的观念和行为方式。因此，深刻理解人类社会发展的一般规律，也就是要通过学习马克思主义的辩证唯物主义和历史唯物主义，了解人在经济和社会发展中的能动性，掌握马克思关于人在经济社会发展中的重要作用的理论，成为学习好人力资源管理的"纲"。

（2）要从历史的角度、发展的角度分析人力资源管理的发展和演变

随着生产力的不断发展，生产关系也会发生相应的变化。经济和社会是不断发展的，人力资源管理也不是一成不变。同一人力资源管理理论在不同社会制度、文化背景的国家，甚至在同一国家的不同发展阶段，实践中所应用的方法很可能不同。

随着国家科技、经济水平的发展，人力资源管理的模式也会发生改变，而这种变化本身来自人和其需求层次的变化。因此我们要用历史的眼光、发展的眼光看人力资源管理。

（3）要运用好理论与实践相结合的学习方法

任何一个组织，无论其规模大小，性质有多大差异，都会涉及人力资源管理问题。人力资源管理是一门实践性很强的学科，带着问题去思考，采用理论与实践相结合的学习方法，是学好人力资源管理这门学科的关键。

三、拓展阅读

习近平的人才观：择天下英才而用之①

习近平总书记提出，"要择天下英才而用之"，并在不同的时间、场合对人才工作作出一系列重要指示，如表1-1所示。

表1-1　习近平的人才观

时间	地点	讲话内容
2013年2月5日	兰州科技园区	我刚才看到生物冶金技术，是一些前沿的技术，这说明我们有这个能力进行一些这样的创新，那么要搞好创新就要抓高端人才的培养。我们的科技园也聚集了一些人才，继续抓好人才，抓好对科技的投入，抓好人才的培养、引进，发挥人才的作用，相信"十二五"后，金川集团又会站在一个新的高度，一个新的起点
2013年6月28日	全国组织工作会议	要树立强烈的人才意识，寻觅人才求贤若渴，发现人才如获至宝，举荐人才不拘一格，使用人才各尽其能

① 人民网. 习近平的人才观：择天下英才而用之［EB/OL］.（2014-06-20）［2024-10-10］. theory.people.com.cn/n/2014/0620/c40555-25175679.html.

表1-1（续）

时间	地点	讲话内容
2013年7月17日	中国科学院	要最大限度调动科技人才创新积极性，尊重科技人才创新自主权，大力营造勇于创新、鼓励成功、宽容失败的社会氛围。我们要引进和学习世界先进科技成果，更要走前人没有走过的路。科技界要共同努力，树立强烈的创新自信，敢于质疑现有理论，勇于开拓新的方向，不断在攻坚克难中追求卓越。党中央对我国科技界寄予厚望。中国科学院要牢记责任，率先实现科学技术跨越发展，率先建成国家创新人才高地，率先建成国家高水平科技智库，率先建设国际一流科研机构
2013年9月30日	中共中央政治局第九次集体学习重要讲话	着力完善人才发展机制。要用好用活人才，建立更为灵活的人才管理机制，打通人才流动、使用、发挥作用中的体制机制障碍，最大限度支持和帮助科技人员创新创业。要深化教育改革，推进素质教育，创新教育方法，提高人才培养质量，努力形成有利于创新人才成长的育人环境。要积极引进海外优秀人才，制定更加积极的国际人才引进计划，吸引更多海外创新人才到我国工作
2013年10月21日	欧美同学会成立一百周年庆祝大会	党和国家将按照支持留学、鼓励回国、来去自由、发挥作用的方针，把做好留学人员工作作为实施科教兴国战略和人才强国战略的重要任务，使留学人员回到祖国有用武之地，留在国外有报国之门。我们热诚欢迎更多留学人员回国工作、为国服务
2014年1月7日	会见嫦娥三号任务参研参试人员代表	我们要着力完善人才发展机制，最大限度支持和鼓励科技人员创新创造。要不拘一格、慧眼识才，放手使用优秀青年人才，为他们奋勇创新、脱颖而出提供舞台。希望广大科技工作者、航天工作者再接再厉，向着探月工程总目标继续前进，为实现中华民族伟大复兴的中国梦作出新的更大贡献
2014年2月27日	中央网络安全和信息化领导小组第一次会议	建设网络强国，要把人才资源汇聚起来，建设一支政治强、业务精、作风好的强大队伍。"千军易得，一将难求"，要培养造就世界水平的科学家、网络科技领军人才、卓越工程师、高水平创新团队
2014年5月22日	外国专家座谈会	中华民族历来具有尚贤爱才的优良传统。现在，我们比历史上任何时期都更需要广开进贤之路、广纳天下英才。要实行更加开放的人才政策，不唯地域引进人才，不求所有开发人才，不拘一格用好人才，在大力培养国内创新人才的同时，更加积极主动地引进国外人才特别是高层次人才，热忱欢迎外国专家和优秀人才以各种方式参与中国现代化建设。要积极营造尊重、关心、支持外国人才创新创业的良好氛围，对他们充分信任、放手使用，让各类人才各得其所，让各路高贤大展其长
2014年6月3日	国际工程科技大会	中国是世界上最大的发展中国家。要发展，就必须充分发挥科学技术第一生产力的作用。中国拥有4 200多万人的工程科技人才队伍，这是中国开创未来最宝贵的资源。我们把创新驱动发展战略作为国家重大战略，着力推动工程科技创新，实施可持续发展战略，通过建设一个和平发展、蓬勃发展的中国，造福中国和世界人民，造福子孙后代

表1-1（续）

时间	地点	讲话内容
2014年6月9日	中国科学院第十七次院士大会、中国工程院第十二次院士大会开幕会	创新的事业呼唤创新的人才。实现中华民族伟大复兴，人才越多越好，本事越大越好。知识就是力量，人才就是未来。我国要在科技创新方面走在世界前列，必须在创新实践中发现人才、在创新活动中培育人才、在创新事业中凝聚人才，必须大力培养造就规模宏大、结构合理、素质优良的创新型科技人才。要把人才资源开发放在科技创新最优先的位置，改革人才培养、引进、使用等机制，努力造就一批世界水平的科学家、科技领军人才、工程师和高水平创新团队，注重培养一线创新人才和青年科技人才

注：表格内容源自对《习近平的人才观：择天下英才而用之》内容的整理。

四、思政专栏

聚天下英才而用之——致百年大党人才发展路①

（一）

"坚持德才兼备、选贤任能，聚天下英才而用之，培养造就更多更优秀人才的显著优势。"习近平总书记在党的十九届四中全会的重要论断，为解答"中国创新之谜"提供了一把钥匙。

"致天下之治者在人才。"我们党历来高度重视人才和人才工作，在推进马克思主义中国化进程中，继承发展马克思主义人才理论，汲取我国优秀传统人才思想，创造了具有中国特色的人才理论和制度优势，制定和实施了一系列重大方针政策，以识才的慧眼、爱才的诚意、用才的胆识、容才的雅量、聚才的良方，把各方面优秀人才集聚到党和人民的伟大奋斗中来，为实现中华民族伟大复兴凝聚起磅礴智慧力量。

（二）

我们党历来珍视人才、重视知识分子。早在1925年，党的四大就把知识分子同工人、农民并列为革命的三大基本力量，视为"可造就之革命战士"。延安时期，毛泽东提出"没有知识分子的参加，革命的胜利是不可能的"，亲自起草大量吸收知识分子的决定，大规模吸纳革命知识青年。新中国建立初期，中央召开关于知识分子问题会议，作出知识分子已经是工人阶级的一部分的科学论断，发出"向科学进军"的号召。改革开放之初，邓小平提出"科学技术是第一生产力"的论断，大力倡导"尊重知识、尊重人才"，并自告奋勇主管科技教育工作。党的十三届四中全会以来，江泽民提出"人才资源是第一资源"，确立"四个尊重"重大方针。党的十六大以来，胡锦涛提出推动科学发展的人才理念，大力实施人才强国战略。

党的十八大以来，习近平总书记提出"聚天下英才而用之""创新驱动实质上是人

---

① 共产党员网. 聚天下英才而用之——致百年大党人才发展路［EB/OL］.（2021-07-09）［2024-12-24］. https://www.12371.cn/2021/07/09/ARTI1625798196867991.shtml.

才驱动"等重要思想,把人才工作摆在更加突出位置,形成人才引领发展的战略格局,大兴识才爱才敬才用才之风,实施更积极、更开放、更有效的人才政策,不断开创人人皆可成才、人人尽展其才的生动局面。从实施重大人才工程到深化人才发展体制机制改革,中国特色人才制度优势更加彰显;从重磅人才政策到人才主题公园,人才意识更加强烈;从保姆式服务到最优人才生态,人才环境更加完善;从快递小哥评职称到直播带货网红成才,人才发展空间不断拓展。

(三)

"我国教育是能够培养出大师来的,我们要有这个自信!"习近平总书记铿锵有力的话语,彰显出从人口大国迈向世界人才强国、全球人才高地的深厚底气和坚定自信。

这种底气和自信,源于坚持党管人才、集中力量办大事的体制优势;源于重视自主培养,以实践锤炼人才、用精神塑造人才的优良传统;源于"培养和使用相结合,在使用中培养,培养和使用中发现更高级人才"的成功之道;源于坚持高端引领、整体开发的人才开发格局。

创新之道,唯在得人。得人之要,必广其途以储之。一个拥有14亿人口的大国,只要努力形成人人渴望成才、人人努力成才、人人皆可成才、人人尽展其才的生动局面,培植好人才成长的沃土,让人才根系更加发达,让各类人才的创造活力竞相迸发,丰富的人力资源就会转化为金贵的人才资源,成为实现中华民族伟大复兴最可持续、最可依靠的强大力量。

(四)

新中国成立后,钱学森、邓稼先、李四光等大批海外留学人员,抛弃国外舒适的工作生活条件,突破重重封锁阻挠,甚至冒着生命危险,带着先进设备和一脑袋的知识,从世界各地辗转归来建设祖国,为新中国各项事业发展奠定了坚实基础,取得了"两弹一星"等举世瞩目的重大成就,在新中国历史画卷上书写了极为精彩动人的篇章。

改革开放以来,党中央和邓小平同志作出扩大派遣留学生的战略决策,实施支持留学、鼓励回国、来去自由、发挥作用的方针,推动形成了我国历史上规模最大、领域最多、范围最广的留学潮和归国热。实施中国留学人员回国创业启动支持计划,建立360多个留创园孵化创新创业梦想,完善留学人员回国服务体系,让他们回到祖国有用武之地,留在国外有报国之门。

党的十八大以来,实施更加积极、更加开放、更加有效的人才政策,提高人才资源全球配置能力,积极引进和用好海外人才,热忱欢迎外国专家和优秀人才以各种方式参与中国现代化建设,引才用智的大门开得越来越大。中国成为创新最活跃、吸引力最强的国度之一,吸引全球优秀人才来华工作、科研、交流,"到中国去"成为越来越多海外人才的重要选项。

创新正当其时,圆梦适得其势。发展的中国需要更多优秀人才,开放的中国欢迎来自世界各地的英才。推进社会主义现代化,实现中华民族伟大复兴,是光荣而伟大的事业,是光明和灿烂的前景。一切有志于这项伟大事业的人们,都可以在这里大有作为。

(五)

一个国家能不能富强,一个民族能不能振兴,最重要的就是看这个国家、这个民族能不能顺应时代潮流，掌握历史前进的主动权。"去问开化的大地，去问解冻的河流"，诗人从"窗外的争吵"，闻到了改革开放大潮风起云涌的气息。

遵循社会主义市场经济规律和人才成长规律，着力破除束缚人才发展的思想观念，推进体制机制改革和政策创新，不断解放思想、解放人才、解放生产力，充分激发各类人才创新活力，是构筑人才制度优势的战略之举，是中国创新之谜的谜底所在。

党的十八大以来，党中央出台深化人才发展体制机制改革意见，加快推进人才培养、评价、流动、激励、引进等重点领域和关键环节改革，制定出台改革措施30多项、配套政策104个，有关部委和省区市出台人才政策670多项，体制机制呈现密集创新突破态势：向用人主体放权、为人才松绑，简政放权的"减法"带来创新创业的"乘法"；改革人才评价指挥棒，破除"四唯"倾向，激励人才潜心钻研；实行以增加知识价值为导向分配政策，让创新人才"名利双收"；健全人才流动市场机制，拆除各种有形无形的围墙，让创新血液在全社会自由流动；改革科研经费使用管理，把科学家从繁文缛节中解放出来；实行"揭榜挂帅""赛马"制度，创新不问出身，英雄不论出处……

（六）

坚持党管人才原则，充分发挥党的思想政治优势、组织优势和密切联系群众优势，加强对人才的政治引领和政治吸纳，做好团结、引领、服务工作，激发广大人才的爱国奋斗精神，实现"增人数"与"得人心"相得益彰，是我国人才工作的重要经验，是中国特色人才制度优势的集中体现。

关心激励人才、尊重保障人才，是我们党的优良传统。早在延安时期，中央就制定优待文化技术干部条例，提出"要使他们及其家属无生活顾虑，专心工作。对于特殊的人才，不惜重价延聘"；陕甘宁边区施政纲领规定：奖励自由研究，尊重知识分子，提倡科学知识与文艺运动。新中国成立初期，把从旧社会过来的知识分子"包下来"，解决就业问题，分配适当工作，加强思想改造，培养又红又专的人才。改革开放后，落实党的知识分子政策，平反冤假错案大快人心，迎来"科学的春天"。

人心是最大的政治，共识是奋进的动力。党的十八大以来，习近平总书记格外重视关心知识分子，要求政治上充分信任、思想上主动引导、工作上创造条件、生活上关心照顾。深入开展"弘扬爱国奋斗精神、建功立业新时代"活动，开展国情研修、业务培训，增强对党和国家奋斗目标的思想认同、情感认同、价值认同；讲好优秀人才的爱国奋斗故事，激励广大人才勇担民族复兴大任，胸怀祖国、艰苦奋斗、开拓创新、无私奉献。完善党委联系服务专家制度，推动领导干部做专家人才的挚友诤友，系牢党和人才的"红色纽带"。

（七）

人才成就发展，发展造就人才。中国改革开放和社会主义现代化建设的火热进程，为有志于创新创造、干一番事业的人才提供了广阔天地；中国经济社会发展的辉煌成就里，处处闪耀着人才的创造性光辉。人才发展以用为本。着力用好用活人才，让各类人才人尽其才、才尽其用、用有所成，以人才优势塑造发展优势、以发展优势构筑人才优势，是中国特色人才制度的活力所在。

国家重大战略部署到哪里,人才工作就跟进到哪里。人才事业的每一步发展,都与经济社会发展同频共振,都与科技进步和自主创新相衔接,紧紧围绕经济社会发展的大局,服从服务于科技进步,促进人才、科技、经济的紧密结合。国家重大项目攻关的实验室里,区域协调发展的大棋局里,脱贫攻坚的主战场,乡村振兴的田野间,企业研发生产一线,到处活跃着人才的身影,释放出创新创造的蓬勃动能。

盖有非常之功,必待非常之人。充分信任人才、放手使用人才的格局不断形成:尊重科技人才创新自主权,让领衔科技专家有职有权,有更大的技术路线决策权、更大的经费支配权、更大的资源调动权;推动企业家积极投身创新事业,发挥企业家的创新主体作用和在国家创新决策中的重要作用;云天励飞、旷视科技、驭势科技等AI创新型企业,揭榜挂帅承担"国字号"研发任务。敢为事业用人才、不拘一格降人才的风气日益浓厚:20岁的大三学生破解世界级数学难题,被破格聘任为教授;18岁的技师学院学生夺得技能冠军,被企业百万年薪预订;华为200万年薪招聘"天才少年"……

(八)

历史前进的逻辑,总是在偶然中带着必然。

中华人民共和国成立之初,面对一穷二白、百废待兴的局面,毛泽东深刻指出,"没有知识分子是不行的,中国应当有大批知识分子""应该有许多工程师、许多科学家"。

改革开放初兴,面对"被开除球籍"的危局,邓小平深情说到,"改革经济体制,最重要的、我最关心的是人才。改革科技体制,我最关心的还是人才"。

进入新时代,面对民族伟大复兴战略布局,习近平总书记多次强调,"人才越多越好,本事越大越好""更加努力造就一批具有世界影响力的顶尖科技人才,稳定支持一批创新团队,培养更多高素质技术技能人才、能工巧匠、大国工匠"。

一个热心发现人才、诚心使用人才的国家,是充满希望、富有活力的国家。一个精心爱惜人才、用心凝聚人才的政党,是开拓创新、永远年轻的政党。

历史潮流奔涌向前,新一轮科技革命和产业变革突飞猛进。科学技术从来没有像今天这样深刻影响着国家前途命运,从来没有像今天这样深刻影响着人民生活福祉。坚决打赢关键核心技术攻坚战,实现高水平科技自立自强,广大人才肩负重大而光荣的使命。

全面建设社会主义现代化国家新征程已经开启,向第二个百年奋斗目标进军的号角已经吹响。我们比历史上任何时期都更接近实现中华民族伟大复兴的目标,比历史上任何时期都更需要建设世界科技强国,也比历史上任何时期都更加渴求人才。

我们的征途是星辰大海。这是崇尚人才、呼唤人才的时代,也必定是人才辈出、群星璀璨的时代!

五、技能训练

（一）单项选择题

1. 以下选项中是人力资源定义的是_____。
   A. 组织中的人员总数
   B. 组织中所有员工的技能和经验
   C. 人力资源的本质是人所具有的脑力和体力的总和，统称为劳动能力
   D. 组织中员工的薪酬和福利

2. 以下选项中不是人力资源特性的是_____。
   A. 可开发性　　　　　　　　　　B. 可变性
   C. 可增值性　　　　　　　　　　D. 创造性

3. 以下选项中不属于人力资源管理定义的是_____。
   A. 从人力资源管理的目的出发，人力资源管理是借助对人力资源的管理来实现组织目标
   B. 从人力资源管理的职能出发，人力资源管理是指一个组织内的活动过程
   C. 从行为、主体、意图等方面出发综合地进行解释
   D. 从人力资源管理的实体出发，人力资源管理是指与人有关的制度、政策等

4. 以下选项中描述错误的是_____。
   A. 在人力资源管理职能正常发挥的前提下，它有助于实现和提升组织绩效
   B. 人力资源管理能够单独对组织绩效产生作用
   C. 在人力资源管理职能正常发挥的前提下，有助于组织战略的实现
   D. 组织战略的实现，需要资源准备等外部条件及全体员工的认同

5. 人力资源管理起源于_____。
   A. 工业革命时期　　　　　　　　B. 文艺复兴时期
   C. 启蒙运动时期　　　　　　　　D. 资本主义萌芽时期

6. 以下关于人力资源管理发展阶段的说法，错误的是_____。
   A. 人力资源管理的前身被称为人事管理
   B. 科学管理思想的出现，宣告了管理时代的到来，管理从经验阶段步入科学阶段
   C. 在行为科学时代，人事管理从监督制裁到人性激发、从消极惩罚到积极激励、从专制领导到民主领导、从唯我独尊到意见沟通、从权力控制到感情投资，并努力寻求人与工作的配合
   D. 在反思阶段，企业从强调对物的管理转向强调对人的管理

7. 以下关于人力资源管理基本职能的说法，错误的是_____。
   A. 人力资源管理的各项职能是彼此割裂、孤立存在的
   B. 人力资源管理的各项职能相互联系、相互影响，共同形成了一个有机的系统

C. 人力资源管理的功能和目标是通过它所承担的各项职能和从事的各项活动来实现的

D. 人力资源管理基本职能包括人力资源战略与规划、职位分析与胜任素质模型、人员招聘、培训与开发、绩效管理、薪酬管理、员工关系管理

8. 以下关于职位分析与胜任素质模型的内容，说法错误的是_____。

A. 职位分析与胜任素质模型是一个平台，其他各项职能的实施基本上都要以此为基础

B. 绩效管理职能在整个系统中处于核心地位，其他职能的运转与其紧密相连

C. 人力资源管理的其他职能之间也同样存在着密切的关系

D. 人力资源管理的各项职能彼此独立，互不干扰

9. 人力资源是劳动者所具有的能力，人总是有目的、有计划地在使用自己的智力和体力，能够自我强化、选择职业、积极劳动。这体现的是人力资源的_____。

A. 可变性   B. 社会性

C. 时效性   D. 能动性

10. 以下关于人力资源的内容，说法正确的是_____。

A. 人口中具有劳动能力的人

B. 是一种自然资源、经济资源

C. 能对价值的创造起贡献作用，成为价值形成的来源

D. 是一个国家或地区所拥有的人群的总体

（二）多项选择题

1. 下列选项中属于人力资源特性的是_____。

A. 能动性   B. 可增值性

C. 时效性   D. 生产性

E. 主观能动性

2. 以下选项中属于人力资源管理发展阶段的是_____。

A. 萌芽阶段：劳动分工时代 初步建立阶段：科学管理时代

B. 反思阶段：人际关系时代 发展阶段：行为科学时代

C. 整合阶段：权变管理时代 战略阶段：战略管理时代

D. 循证管理与数字化阶段：人力资源管理的现代化

E. 发展阶段：资源管理时代 整合阶段：事务管理时代

3. 以下关于人力资源管理学习方法的内容，说法正确的是_____。

A. 要运用好理论与实践相结合的学习方法

B. 要从历史的角度、发展的角度分析人力资源管理的发展和演变

C. 要理解人作为经济社会发展的推动者和作为被管理对象之间的关系

D. 要从实际的角度、用发展的眼光看待人力资源管理的发展史

4. 以下关于人力资源的内容，说法正确的是_____。

A. 人力资源的本质是人所具有的脑力和体力的总和，统称为劳动能力

B. 这一能力要能对价值的创造产生作用，成为价值形成的来源

C. 这一能力要为组织所利用，组织指的是经济社会活动中的微观组织，如企业、学校、医院等

D. 包括人力资源战略与规划、职位分析与胜任素质模型、人员招聘、培训与开发、绩效管理、薪酬管理、员工关系管理

5. 以下属于人力资源管理基本职能的是_____。

A. 人力资源战略与规划、职位分析与胜任素质模型

B. 人员招聘、培训与开发

C. 绩效管理、薪酬管理

D. 员工关系管理

（三）判断题

1. 人口是人力资源形成的数量基础，人口中应用于经济社会活动的、具备一定智力资本和体能的那部分是人力资源，人才资源是人力资源的一部分，是人力资源中质量较高的那部分。　　　　　　　　　　　　　　　　　　　　　　（　　）

2. 在人力资源、人口、人才资源的概念中，人力资源是数量最少的、最值得关注的一部分。　　　　　　　　　　　　　　　　　　　　　　　　　　　　（　　）

3. 在相同的外部条件下，人力资源创造的价值大小可能会不同。人力资源的可开发性还表现为人力资源生成的可控性。人力资源的生成不是自然而然的过程，需要人们有组织、有计划的培养与开发。　　　　　　　　　　　　　　　　　　（　　）

4. 人力资源管理是指组织通过各种政策、制度和管理实践，以吸引、保留、激励和开发员工，调动员工积极性，充分发挥员工潜能，进而促进组织目标实现的管理活动的总和。　　　　　　　　　　　　　　　　　　　　　　　　　　　　（　　）

5. 人力资源管理与组织绩效、组织战略存在密切关系，有助于实现和提升组织绩效，有助于组织战略的实现。　　　　　　　　　　　　　　　　　　　　　（　　）

6. 人力资源的特性包括可用性、生产性、主观能动性、自主性和创造性。这些特性使得人力资源成为组织中最重要的资源之一，对于组织的生存和发展具有至关重要的作用。　　　　　　　　　　　　　　　　　　　　　　　　　　　　　　（　　）

7. 组织绩效的实现和提高有赖于人力资源管理的实践活动，但是人力资源管理不能单独对组织绩效产生作用，它必须和组织的环境、组织的经营战略及人力资源管理的支持这三个变量相互配合才能产生作用。　　　　　　　　　　　　　　　　（　　）

8. 人力资源管理的概念最早由彼得·德鲁克在 1954 年的《管理实践》一书中提出并加以明确界定。　　　　　　　　　　　　　　　　　　　　　　　　　　（　　）

9. 人员招聘包括招募和录用两个部分，招募是组织采取多种措施吸引候选人来申报组织空缺职位的过程，录用是对候选人进行人职匹配，引导候选人正式进入组织任职并开展工作的过程。　　　　　　　　　　　　　　　　　　　　　　　　（　　）

10. 员工关系管理是指企业本着改善经营绩效和获取竞争优势的目的，对企业中涉及企业与员工、管理者与被管理者，以及员工之间的各种工作关系、利益冲突和社会关系进行协调和管理的制度、体系和行为的总称。　　　　　　　　　　　　　（　　）

（四）名词解释

1. 人力
2. 资源
3. 人力资源
4. 人才资源
5. 人力资源管理

（五）简答题

1. 简述人力资源的特性。
2. 简述人力资源管理在西方的产生与发展。
3. 简述人力资源管理的基本职能。
4. 简述人力资源管理的学习方法。
5. 简述人力资源管理的作用。

（六）论述题

1. 请论述人力资源管理的基本职能、重要性及其相互关系。
2. 请论述人力资源管理如何影响组织绩效，以及人力资源管理如何与组织战略相配合，共同推动组织的成功发展。

（七）案例分析题

某大型互联网公司自 2010 年创立以来，凭借其创新的技术和卓越的产品迅速崛起。短短几年内，该公司从初创企业发展成为行业的佼佼者，业务遍布全球。随着业务的不断扩展，公司逐渐意识到人力资源管理的重要性。从最初的简单招聘和员工关系管理，到如今全面的人力资源战略规划，该公司经历了人力资源管理的显著变革。

在公司初创期（2010—2012 年），由于资源有限，人力资源管理主要集中在招聘和基本行政事务上。公司快速扩张业务需要大量的人才支持，人力资源部门的主要任务是高效地招聘和选拔合适的员工。在这一阶段，公司通过多种渠道进行招聘，包括线上招聘网站、社交媒体、招聘会等，力求吸引到最优秀的人才。同时，人力资源部门还负责员工入职培训和基本的员工关系管理，确保新员工能够快速融入公司文化和团队。

然而，随着公司规模的扩大和业务的多样化（2013—2015 年），人力资源管理面临着越来越多的挑战。员工数量的增加、组织结构的复杂化，以及市场竞争的加剧都要求公司更加注重人力资源管理。在这一阶段，人力资源部门开始注重员工的培训和职业发展规划，为员工提供更多的学习和发展机会。同时，公司的绩效管理体系也逐渐建立起来，通过合理的考核和激励机制，激发员工的工作积极性和创造力。

近年来（2016 年至今），该公司开始推行一系列人力资源管理改革措施。它加强了员工培训和发展计划，建立了完善的绩效管理体系，并实施了具有竞争力的薪酬福利政策。同时，公司还注重营造积极向上的企业文化，提升员工的工作满意度和忠诚度。在这一阶段，人力资源管理成为公司战略规划的重要组成部分。人力资源部门通过制定有针对性的人力资源战略，支持公司的业务发展目标。例如，为了适应市场变化和业务需求，公司进行了组织结构的调整，并随之调整了人力资源配置；为了吸引和留住高素质人才，公司推出了股权激励计划和福利优化政策。同时，公司还注重员工的心理健康和工作环境改善，提高员工的工作幸福感。

这些变革不仅提高了公司人力资源管理水平，也为公司的可持续发展奠定了坚实的基础。如今，该公司已经成为行业内公认的人力资源管理典范，吸引了众多优秀人才加入，为其发展做出贡献。

问题：

1. 该公司人力资源管理在不同发展阶段有哪些主要任务和挑战？

2. 结合人力资源管理的基本职能，分析公司是如何实现战略目标的。

3. 从该案例中可以得出哪些关于人力资源管理的启示？

六、参考答案及解析

第二章

人力资源战略与规划

一、学习目标

（一）知识目标

1. 准确理解人力资源战略与规划的定义、核心要素及其在企业整体战略中的地位与作用，明确其对于组织可持续发展的重要性。

2. 理解人力资源战略与规划如何支持并推动企业战略目标的实现，包括提升组织效能、优化人才结构、增强竞争力等。

3. 了解制定人力资源战略与规划的基本流程，包括环境分析、战略制定、规划设计、实施与监控等关键步骤，以及每个步骤涵盖的主要内容，如需求预测、供给分析、政策制定等。

4. 掌握人力资源战略环境分析的基本方法，如 SWOT 分析、PEST 分析等，以及这些方法在识别内外部机会与威胁、评估组织优劣势中的应用。

（二）能力目标

1. 能够运用所学的人力资源战略环境分析方法，对企业内外部环境进行全面、深入的分析，识别影响人力资源战略制定的关键因素。根据企业实际情况和战略目标，能够独立或团队协作制定合理、有效的人力资源战略与规划，包括人才招聘、培训发展、绩效管理等各个方面的具体规划。

2. 掌握人力资源战略与规划的实施步骤和措施，具备制订实施计划、监控执行进度、调整优化策略的能力，确保人力资源战略的有效落地。

（三）素质目标

1. 培养战略眼光和全局观念，能够从企业整体战略出发，思考人力资源战略与规划的问题，促进人力资源与企业战略的深度融合。

2. 强化责任感和职业道德意识，确保在制定和实施人力资源战略与规划时，遵循公平、公正、透明的原则，尊重员工的权益，维护企业的利益。

二、知识体系

（一）人力资源战略

1. 人力资源战略的含义

（1）战略

"战略"一词最早产生于历史上的战争和军事活动。《辞海》所定义的"战略"被广泛应用于社会政治、经济体系、文化繁荣等多元领域的宏观规划与长远指导中，体现了高度的整体性、全局覆盖性及对未来发展的深远预见性。

（2）人力资源战略★★★

人力资源战略（human resource strategy，HRS）指的是为实现组织的目标而采取的一系列有计划的，具备全局性、整体性和长远性的人力资源部署和管理行为。

人力资源战略的核心内容涵盖多个关键维度，具体包括以下几方面内容：

①人力资源的战略性，将人力资源管理视为获取竞争优势的重要手段之一。

②人力资源管理的系统性，强调通过人力资源的规划、政策和管理实践实现人力资源优化配置，获取竞争优势。

③人力资源管理的战略性，强调人力资源与组织战略相匹配，既强调人力资源管理必须与组织整体发展战略相契合，也高度重视系统内各组成部分与要素之间的协同与匹配。

④人力资源管理的目标导向性，人力资源管理的最终目标是实现组织绩效的最优化。

⑤人力资源管理的应变性，通过灵活的人力资源管理活动，增强组织在面临外部环境变化时的战略调整能力和快速响应能力。

2. 人力资源战略环境分析

（1）PEST 分析法

PEST 分析法是一种分析宏观环境的方法，包括政治（politics）、经济（economy）、社会（society）、技术（technology）四个维度。

①政治（politics）：政府的方针、政策、法令等这些因素常常制约、影响着组织的经营和管理活动，尤其影响组织长期的发展方向。

②经济（economy）：居民可支配收入、市场机制、市场需求和供给等因素，直接决定着组织目前及未来的市场大小和发展前景。

③社会（society）：人口规模及流动性、宗教信仰、风俗习惯、价值观念等社会环境要素是非常重要的。

④技术（technology）：新技术、新工艺、新流程、新手段决定着组织未来的发展。

人力资源管理者常通过这四个维度来评价组织所处的外部环境，指导战略制定。其意义在于帮助组织和管理者系统地认识组织所处的环境，分析和预测未来可能出现的情况，判断外部环境变化时，组织该采取哪些措施。

（2）SWOT分析法

SWOT分析法是一种综合分析组织内外部环境的方法，包括以下四个方面：

①优势（strength）：指一个组织优于竞争对手的能力，或者指组织所拥有的、能提高竞争力的因素。例如：技术技能优势等。

②劣势（weakness）：指组织缺少或落后的某些因素，或指会使组织处于劣势的某种条件。例如：缺乏有竞争性的技术、技能和手段，缺乏有竞争力的有形资产和无形资产，关键领域的竞争力正在或将要丧失等。

③机会（opportunity）：以企业为例，潜在的发展机会可能有产品或服务对象的扩大趋势、技术技能向新领域扩散、存在扩大市场份额的机会等。

④威胁（threat）：组织的外部威胁可能是强大的竞争对手进入市场、替代品抢占组织原有领域的市场份额、市场需求波动大等。

SWOT分析法旨在通过内部条件理清组织自身的优势与劣势，通过外部环境预测潜在的机会和威胁，从而制定既能发挥组织自身优势又能克服或弥补劣势的组织人力资源战略和具体实施方案。该方法被广泛应用于战略分析与竞争策略的制定工作中，具有分析直观、使用简单易行的特点。

3. 人力资源战略的制定与实施★★★

（1）人力资源战略的制定

①人力资源战略制定的含义

人力资源战略的制定是指根据可行性、适应性、可接受性标准对可能的战略方案进行分析，在比较的基础上确定适合组织的最终战略方案。

②人力资源战略制定的步骤

第一，明确人力资源战略的目标和任务。人力资源管理者需要从战略性的角度出发，去思考人力资源战略如何能够帮助组织实现其总体的战略性目标。

第二，评估外部环境。人力资源管理者需要从战略性的角度出发，去思考人力资源战略如何能够帮助组织实现其总体的战略性目标。

第三，组织内部人力资源环境和要素评估。不仅包括对现有人力资源的数量、结构、能力、绩效、流动和离职情况等的评估，还包括对现有人力资源政策，如任职资格、人才培养政策及其效果、薪酬水平、职位升降政策、社会保险和其他福利政策等的评估。

第四，识别战略问题。如在人才总量、结构、重点领域方面存在短板，如何补足短板；在薪酬激励水平与市场之间存在差距方面，如何缩小差距，使薪酬激励方案更有竞争力；等等。

第五，制定和选择人力资源战略。

（2）人力资源战略的实施

确定了人力资源管理战略方案后，下一步的重要工作是如何将其付诸实施。大致来说，战略实施包括以下步骤和方案：

①战略传达，形成共同推动战略实施的组织文化。

②将战略目标进行分解和细化，并融入日常的组织管理过程。

③改善组织运行机制，使其与人力资源战略相匹配。

④定期检查和反馈战略方案的实施情况。

⑤实现绩效管理与战略方案之间的有机连接。

（二）人力资源规划

1. 人力资源规划的含义 ★★★

人力资源规划（human resource planning，HRP）是科学地预测、分析组织在不同环境中的人力资源需求和供给情况，制定恰当的政策和措施以确保组织能及时获得各种岗位上所需要的人力资源（数量和质量）的过程。

2. 人力资源规划的内容 ★★★

狭义的人力资源规划：确定人力资源需求和供给的差距，进而找出消除差距的方法，如岗位调整、招聘和培训等。

广义的人力资源规划：依据组织发展战略对人力资源的引进、使用、发展、激励等工作进行科学合理的长期规划，有步骤、有计划地开展人力资源管理各项活动，以便最有效地利用人力资源实现组织目标。

人力资源规划应该致力于实现以下目标：结构合理的员工队伍、与组织战略匹配的员工能力、科学的员工激励机制、支持战略的组织文化。人力资源规划对组织发展战略的作用机制如图 2-1 所示。

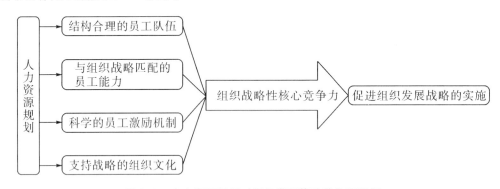

图 2-1　人力资源规划对组织发展战略的作用机制

3. 人力资源规划的程序

人力资源规划的程序可以分为五个阶段：调查分析阶段、预测阶段、制定阶段、实施阶段和反馈调整阶段。但在实践中，人力资源规划的程序是多样的，其时间长短和具体步骤会因组织内外部环境的差异性和组织自身的发展需求而发生变化。

4. 人力资源需求与供给预测及平衡 ★★★

（1）人力资源需求预测

①人力资源需求预测的含义

人力资源需求预测是依据组织的发展规划、组织能力及职位要求，综合考虑各种因素，对人力资源需求的数量、质量和结构进行预测，从而有计划、有目的地协调组织人力资源管理活动，使其适应管理者的目标的活动。

②人力资源需求预测的方法

A. 管理层预测

这种方法是承担预测的管理者，根据自己的工作经验对未来业务量的增减情况做出直觉判断，确定未来所需人员的方法，主要用于初步预测。

B. 专家会议预测

专家预测法又称德尔菲法，是由美国兰德公司在20世纪40年代后期发明的。这种方法是依靠专家的知识和经验，对未来作出判断性的估计。

C. 数据大概率预测

◆单变量趋势外推法：根据整个组织或组织中各个部门过去人员数量的变动情况来对未来的人力需求进行预测，而不考虑其他因素对人力需求量的影响。单变量趋势外推法计算公式如下：

$$y = a + bx$$
$$b = \frac{\sum (x - \bar{x})(y - \bar{y})}{\sum (x - \bar{x})^2} \tag{2-1}$$
$$a = \bar{y} + b\bar{x}$$

式中，y 为所需人员数量；$\bar{y}$ 为过去人员数量的平均数；x 为单位业务量；$\bar{x}$ 为过去平均业务量；a，b 为根据过去资料推算的未知数。

◆比率分析法：通过分析某种组织活动因素，计算该组织所需人力资源数量之间的比率来确定未来人力资源需求的数量与类型的方法。例如：生师比、销售数量和销售人员数量比、单位食堂炊事人员和就餐人员比等。

（2）人力资源供给预测

①人力资源供给预测的含义

人力资源供给预测是指对在未来某一特定时期内能够供给企业的人力资源数量、质量以及结构进行估计。一般来说，人力资源供给包括内部供给和外部供给两个来源。内部供给影响因素：人员年龄分布、人员升降、离职、退休等。外部供给影响因素：外部劳动力市场的状况、人们的就业意识、企业的吸引力等。

②人力资源供给预测的方法

A. 组织内部人力资源供给预测

◆人员核查法

人员核查法是对企业内部现有人力资源的数量、质量、结构和在各职位上的分布状况进行核查，以便确切掌握企业人力资源拥有量。在实际工作中，企业往往通过技能清单调查表来反映员工工作能力，从而可以根据技能清单的内容来进行人力资源规划，也便于充分了解组织的人力资源，对人力资源进行协调。

在企业规模不大时，这种盘点相对容易，但如果企业规模较大，组织结构较为复杂，人力资源信息系统能够为盘点提供一定的便利。盘点法是对某一个时点节内的人力资源状况进行的盘点，它是静态的，不能够反映出人力资源状况未来的变化，因而多用于短期人力资源供给的预测。

◆ 人员替换法

人员替换法是对企业现有人员的状况作出评价，然后对他们晋升或者调动的可能性进行判断，以此来预测企业潜在的内部供给。

◆ 马尔科夫模型

基本思路：找出过去一段时期内组织内部人员在各类职位之间变动的概率，以此推测未来人力资源变化的趋势。

基本假设：组织过去一段时期内人力资源变动的模式和概率与未来趋势大致相同。

B. 组织外部人力资源供给预测

◆ 市场调查预测法

市场调查预测法是指人力资源管理部门人员组织或亲自参与市场调查，运用科学的方法，系统而客观地收集、整理和分析与劳动力市场有关的信息，并在此基础上判断劳动力市场未来的发展趋势。

◆ 相关因素预测法

相关因素预测法就是找出影响劳动力供给的各种因素，分析这些因素对劳动力市场变化的作用和影响程度，从而预测未来劳动力市场的发展趋势。

（3）人力资源需求与供给的平衡★★★

一般情况下，人力资源的供求不平衡主要包括以下三种情况：

◆ 供不应求

当预测组织的人力资源未来可能发生短缺时，应根据实际情况选择不同的方案来避免短缺状况发生。

①进行合理的内部调配，通过内部流动来增加内部供给。

②从外部招聘，可以是返聘退休人员、全职人员、兼职人员。

③激励员工，提高现有员工的工作效率。

④延长工作时间，并对员工的超时工作和超负荷工作给予相应的奖励。

⑤可将组织的一些业务进行外包。

◆ 供大于求

当出现人力资源过剩时，通常采取以下政策：

①停止从外部招聘人员，通过自然减员来减少供给。

②扩大业务规模，或者开拓新的业务，以增加对人力资源的需求。

③永久性裁员或辞退员工。

④鼓励员工提前退休，给那些接近退休年龄的员工提供额外报酬和其他奖励，让他们提前离开组织。

⑤实行工作分享，并相应地降低员工的工资。

◆ 结构失衡

在人力资源供求平衡的过程中，有时会出现某一类人员供大于求，而另一类人员供不应求，这就会产生人力资源供求的结构性失衡，此时，解决措施有如下几种：

①对组织人员进行内部的重新配置，包括晋升、调动、降职等方法。

②对相关人员进行有针对性的技术或技能培训，使他们能够从事空缺职位的工作。

③调整人员结构，进行人员的内外置换，解雇那些组织不需要或不再适合任职的人员，通过外部招聘来补充组织所需要的人员。

【总结】人力资源战略与规划是企业管理中的核心环节之一，旨在确保企业拥有足够且合适的人力资源，以支持其短期和长期的战略目标。通过制定人力资源战略，企业可以明确自身的用人策略，包括招聘、培训、绩效管理、薪酬福利等关键方面。而人力资源规划则是在战略的指导下，对企业未来的人力资源需求和供给进行预测和规划，以实现人力资源的合理配置和有效利用。

三、拓展阅读

"十四五"人才发展规划：布局高质量发展人才工作新体系①

对于人才发展，"十四五"规划和2035年远景目标《建议》着重强调要进一步激发人才活力。这是以习近平同志为核心的党中央立足我国人才队伍"大而广""多而全"、世界顶尖人才孕育基础处于质变临界点的基本判断，聚焦科技创新核心人才队伍建设，作出的前瞻性部署安排。各地各部门在谋划各自人才发展规划时，要积极嵌入党中央的这一前瞻性部署安排，进一步明确本地本行业的人才发展战略，然后进行规划布局。

人才发展规划是落实国家人才战略的施工图

人才发展规划是建立在人才战略判断、战略目标与竞争环境分析的基础上，对人才开发、使用、激励的总体布局、目标配置和路径选择。其中包括对未来人才体量、结构、质量、布局、效能和竞争力的规划推断、指标标记、策略选择、工作干预，以及相关政策供给等一系列问题的整体解决方案。

有时我们看到，一些地方、部门的人才发展规划，战略性不高、引领性不强、系统性不够、精密性不足，问题大概率在于这些地方、部门没有搞清楚自身的人才战略是什么。先明晰人才战略，后进行规划布局，才能使人才发展规划具有前瞻性、系统性、协同性和有效性。从全国面上情况看，当前我国各地人才工作发展基本处于城市化进程阶段、传统工业化进程阶段、新型工业化进程阶段和创新经济发展进程阶段四个不同阶段。处于不同发展阶段的地区，需要把握自身发展的主要阶段、主要矛盾和突出问题，在当地"十四五"人才发展规划当中予以重点考虑和设计。

人才工作布局升级背后是国家战略进阶的需要

党的十九大以来，实施创新驱动发展战略，推动高质量发展、实施动能转换成为经济社会发展的主题。这标志着我国不再沿用传统的跟随型战略、模仿型战略，而是确立了围绕大国竞争的赶超型战略，其战略目标直指大国复兴和建设世界强国。这是一次意义深远的国家战略升级。

党的十九届五中全会进一步明确"十四五"时期要坚持创新驱动发展，以推动高

① 孙悦. "十四五"人才发展规划：布局高质量发展人才工作新体系 [J]. 中国人才，2021（3）：19-21.

质量发展为主题，践行新发展理念、构建新发展格局，这一系列工作部署加快了国家战略升级的推进节奏。

国家赶超的历史经验表明，一个处于加速追赶进程中的国家或竞争实体，其人才智力资源，特别是由高精尖人才水平、总体人才质量和人才发展活力形成的创新型智力资本，对其实现战略赶超产生着效率倍增效应。国家战略的进阶升级，更加凸显了人才资源及其发展制度的战略价值和路径依赖。未来一段时间，高质量的发展主题预示着我们必须进入到一个新的创新驱动、人才引领的历史坐标当中。这意味着"十四五"时期，我们要进一步推进科技创新由追随模仿走向前沿突破，实现若干重大发展课题独创自主解决，构建匹配世界一流强国的软实力、硬实力，进一步推动中国走入世界中心位置。

创新驱动需要人才引领和支撑，没有人才优势，就不可能有创新优势、科技优势、产业优势。因此，在"十四五"期间，我国人才发展和人才队伍建设要从重规模、重素质、重数量向重质量、重能力、重贡献转变。面对这些挑战，我们要充分发挥人才队伍积累优势、人才工作基础优势和党管人才体制优势，大规模集聚、培养和使用全球一流人才智力，有效配置、利用全球创新创业要素，达到和超越国际一流发达国家水平。

激发人才活力是"十四五"时期人才工作新布局的着力点

总体上看，未来一段时间的人才竞争，将不再是人才数量的比拼，而是人才发展的竞争、人才作用发挥的竞争、人才生态网络链条的竞争、人才创新创业生态系统的竞争，以及一流人才价值创造能级和影响的竞争。

高质量发展首先是具有科技创新含量的发展。面向高质量发展的人才工作布局，其内涵是人才队伍建设的质量和水平替代人才发展的规模和速度，成为推动人才发展的首要目标，人才工作的关注点从人才"有没有""多不多"转向更多考虑"优不优""强不强"。通过进一步调动和增强各类人才创新发展活力，要着力解决好人才工作与创新驱动、高质量发展协同、校准的问题，形成"聚天下英才而用之"的人才制度优势。这个阶段，"激发人才创新活力"成为国家层面人才工作的突破点和主方向。"十四五"期间，国家将聚焦科技创新和产业升级人才工作主阵地，通过强化国家战略科技力量，构筑人才科研创新高地，深入推进人才评价、学风建设、院士制度、人才分配制度、创新创业激励等重点制度改革等，来进一步提升人才创新创造能级和影响。

这就要求未来五年，我们要力争在构建新时代人才发展治理体系上有所突破；在培养、集聚和使用国际顶尖人才上有所突破；在推动院校院所人事人才管理制度创新上有所突破；在提升人才发展载体平台国际化能级上有所突破；在建设产业人才高质量集群和发展赋能上有所突破；在构建重点区域一流人才创新创业生态系统上有所突破；在破解一系列"卡脖子"技术人才问题上有所突破；在人才大数据动态建设、分析和应用上有所突破，进一步增强国际化人才配置能力、竞争能力和区域品牌影响力，为推动国家高质量发展提供强有力的人才支撑和智力保障。

"十四五"是个新的发展起点，既是"百舸争流"，也是"万类霜天竞自由"。制定地方人才发展规划要基于自身条件、资源和机会，推动实施非对称战略。在工作设计上要有重点、有忽略；有取舍，有急缓；有低谷、有高峰；有平台、有留白，形成一个立体化的规划图景，体现对未来五年人才发展的方向性、计划性、引领性。人才规划的内容要体现工作的重大性、指标性、梯度性、操作性以及落实性，同时也不宜过小过细过密，过犹不及。我们相信，制定实施科学、有效的人才发展规划，对释放地方人才"智核"能量，提升人才供给质量和水平，引领地方高质量发展将会提供根本动力支持。

四、思政专栏

【国家"十四五"期间人才发展规划】

"百年未有之大变局"对我国"十四五"人才发展提出了新要求。"十四五"时期，我国人才发展要从重规模、重素质、重数量向重水平、重能力、重贡献转变，发挥人才队伍优势、工作基础优势和党管人才体制优势，形成一支与世界强国相匹配的高精尖人才队伍，形成适应产业发展实际需求的产业人才培养体系，建立适应新时代发展的人事人才管理制度和与之相适应的支撑体系。

【人才是第一资源】

人才资源是促进经济社会发展的一种潜在的、关键性的、可持续发展的资源，也是国家发展的重要战略资源，其核心功能在于围绕国家战略形成核心竞争力，培养造就一大批德才兼备的高素质人才，是国家和民族长远发展大计。

中国式现代化需要人才、呼唤人才、渴求人才，要坚持党对人才工作的全面领导，全面贯彻新时代人才工作新理念新战略新举措，以现代化的人才工作理念引领人才治理体系变革和人才治理能力提升，加快推进新时代人才强国建设。

五、实战演练

（一）比率分析预测法

某学校学生数量达到了 4 000 人，由于教师参加了培训，教学效率在人均 40 名学生的基础上提高了 20%，请问该学校需要多少教师？

（二）单变量趋势外推法

某企业的人力资源总数如表 2-1 所示，现在根据这些数据预测企业在 2025 年和 2027 年所需人力资源总数。

表 2-1　某企业 2017—2024 年人力资源人员总数

X（年度）	（1）2017	（2）2018	（3）2019	（4）2020	（5）2021	（6）2022	（7）2023	（8）2024
R（人力资源总数）	168	170	176	181	184	190	198	200

（三）马尔科夫分析法

表2-2所示内容是某审计公司10年内各层次员工的人事变动情况，请根据表2-2中的数据计算下一年度该审计公司各层次员工的人力资源供给量。

表2-2　某审计公司人事变动情况

职位层次	本年人数/人	10年内人员流动的平均百分比/%				
		G	J	S	Y	离职
高层领导（G）	40	80				20
基层领导（J）	80	10	70			20
审计师（S）	120		5	80	5	10
审计员（Y）	160			15	65	20

六、技能训练

（一）单项选择题

1. 人力资源战略的主要目的是_____。
  A. 提高员工满意度
  B. 降低人力资源成本
  C. 增强组织竞争力
  D. 优化人员结构

2. 在人力资源规划中，_____阶段涉及分析组织的内外部环境。
  A. 人力资源供给预测
  B. 人力资源需求预测
  C. 人力资源战略制定
  D. 人力资源政策调整

3. 组织在进行人力资源规划时，首要考虑的因素是_____。
  A. 员工培训与发展
  B. 市场薪酬水平
  C. 组织文化和价值观
  D. 国家法律法规

4. 在制订人力资源计划时，_____不是必需的步骤。
  A. 分析人力资源现状
  B. 评估组织战略目标
  C. 制定详细的人力资源政策
  D. 预测未来人力资源需求和供给

5. 人力资源规划的核心是解决_____问题。
  A. 员工招聘与选拔
  B. 培训与开发
  C. 绩效管理
  D. 人力资源供需平衡

6. 在人力资源规划中，_____是关键的预测内容。
  A. 员工离职率
  B. 工作满意度
  C. 组织变革速度
  D. 市场薪酬水平

7. 关于人力资源规划与组织战略的关系，说法错误的是_____。
  A. 人力资源规划应与组织战略相一致

B. 人力资源规划是组织战略的重要组成部分

C. 组织战略的调整不会影响人力资源规划的执行

D. 有效的人力资源规划能推动组织战略的实施

8. 在人力资源战略中，以下_____不是关键要素。

A. 招聘和选拔高素质员工
B. 提高员工的组织承诺

C. 加强内部沟通与合作
D. 完全依赖外部招聘以降低成本

9. 关于人力资源供给预测，下列_____描述是错误的。

A. 需要考虑内部员工的晋升和转岗

B. 应只考虑通过外部招聘来满足人力资源需求

C. 需要分析组织内外的人力资源供给状况

D. 是人力资源规划的重要环节之一

10. 当组织出现人力资源过剩时，通常会采取_____政策。

A. 实行工作分享或者相应地降低员工工资

B. 将组织部分业务进行外包

C. 制定招聘政策，从外部雇用人员

D. 激励员工，提高现有员工的工作效率

（二）多项选择题

1. 在人力资源规划中，内外环境分析主要包括_____方面。

A. 组织文化
B. 市场状况

C. 竞争对手情况
D. 技术发展

E. 个人兴趣爱好

2. 下列_____是人力资源需求预测的影响因素。

A. 市场需求
B. 员工素质

C. 组织结构调整
D. 宏观经济形势

E. 自然环境变化

3. 人力资源供给预测需要考虑的因素有_____。

A. 员工离职率
B. 员工年龄分布

C. 组织扩张计划
D. 行业发展趋势

E. 个人家庭规划

4. 关于人力资源战略与组织战略的关系，下列_____描述是正确的。

A. 人力资源战略应服从组织战略

B. 人力资源战略可独立于组织战略之外

C. 人力资源战略可驱动组织战略的执行

D. 人力资源战略与组织战略应保持一致

E. 人力资源战略可随意制定，无需考虑组织战略

5. 在制定人力资源战略时，下列_____因素需要考虑。

A. 组织的使命和愿景
B. 当前的经济形势

C. 市场竞争对手的策略   D. 公司刚发布的新产品

E. 员工个人家庭状况

（三）判断题

1. 人力资源战略与规划是组织战略的核心组成部分，应与组织战略一致。（   ）

2. 在制定人力资源战略时，组织只需考虑内部环境因素，外部环境因素对人力资源战略没有影响。   （   ）

3. 员工满意度与组织绩效之间存在正相关关系，因此提高员工满意度就能提高组织绩效。   （   ）

4. 人力资源供给预测只需考虑内部员工的情况，无需考虑外部人才市场。（   ）

5. 人力资源规划实施不需要高层的参与，只需基层管理者执行即可。   （   ）

6. 人力资源战略应关注员工的个人发展，以提高其职业满意度和忠诚度。（   ）

7. 培训和发展是人力资源规划的组成部分，与绩效管理没有直接关系。（   ）

8. 制定人力资源政策时，只需考虑组织的利益，无需考虑员工的利益。（   ）

9. 人力资源战略与规划的实施不需要与其他部门进行沟通和协作。   （   ）

10. 制定人力资源战略时，应充分考虑组织的文化和价值观，以确保与组织战略的一致性。   （   ）

（四）名词解释

1. 人力资源战略

2. 人力资源规划

3. 人力资源需求预测

4. 人力资源供给预测

5. 市场调查预测法

（五）简答题

1. 人力资源战略与规划的主要内容包括哪些？

2. 简述人力资源规划的作用。

3. 简述人力资源战略的制定步骤。

4. 人力资源战略与规划在实施过程中可能面临哪些挑战？如何应对这些挑战？

5. 当出现人力资源过剩时，组织一般会采取什么政策？

（六）论述题

1. 论述人力资源战略与规划在企业发展中的重要性。

2. 论述人力资源战略与规划如何助力企业竞争优势的构建。

（七）案例分析题

阿里巴巴人力资源战略与规划的进化之路
——从"价值观驱动"到"生态型组织"的实践

在全球数字经济浪潮中，阿里巴巴集团用二十年时间从杭州湖畔公寓起步，发展成为市值超千亿美元的跨国科技企业，阿里巴巴独具特色的人力资源战略与规划体系在这过程中发挥着关键作用。这个体系以"价值观驱动"为内核，经历了三次重大战略升级，最终形成"生态型组织"管理模式，为中国互联网企业的人力资源管理提供了经典范本。

第一阶段：创业期价值观奠基（1999—2007年）

阿里巴巴创立初期，面对国际巨头挤压和本土市场竞争，创始人团队意识到传统人力资源管理模式难以支撑战略目标。1999年，团队建立的"六脉神剑"价值观体系，将"客户第一""团队合作"等理念转化为具体行为准则，开创性地将价值观考核纳入薪酬体系。每个季度，员工需要接受同事互评和上级评估，价值观得分占总绩效考核权重的50%。这种强文化导向策略在2003年淘宝网创建时显威力：当竞争对手通过高薪挖角时，阿里巴巴工程师团队保持稳定，价值观认同成为抵御人才流失的护城河。2007年上市前夕，阿里巴巴集团建立"湖畔学院"，通过"百年阿里""百年淘宝"系列课程实现文化传承的制度化，集团完成了从个人魅力型领导向体系化文化管理的过渡。

第二阶段：多元化战略下的组织裂变（2008—2014年）

随着集团业务扩展至云计算、金融科技等领域，传统金字塔组织架构开始制约创新。2011年集团启动"大中台、小前台"改革，重构人力资源规划逻辑。人力资源部门牵头建立"能力中台"，将技术研发、数据分析等核心能力模块化，支持各事业群快速组建战斗单元。这种模式下，新业务团队可在72小时内完成跨部门人才调配，2013年菜鸟网络组建时，从阿里云、淘宝抽调300名技术骨干仅用了5个工作日，同期推出的"管理序列"与"专业序列"双通道发展体系，打破传统晋升天花板，技术专家可享受副总裁级待遇。2014年蚂蚁集团独立运营时，这种柔性组织能力使其在6个月内完成2000人团队的架构重组，为移动支付战略推进赢得先机。

第三阶段：全球化扩张中的文化融合（2015—2020年）

国际并购加速带来跨文化管理挑战。2016年阿里巴巴集团收购东南亚电商平台来赞达（Lazada）后，人力资源团队创新"文化解码"机制：将"六脉神剑"价值观翻译为包含21种语言、147个本土化案例的操作手册，例如将"拥抱变化"转化为印尼团队应对火山爆发的应急协作方案。2018年阿里巴巴集团推出的"全球人才流动站"计划，要求高管五年内必须完成三个国家轮岗，时任来赞达（Lazada）首席执行官的李纯在马来西亚、泰国轮岗期间，推动建立"星期五汉服日"等文化融合活动，使当地员工流失率下降18%。这种"全球标准，本土适配"策略，支撑阿里巴巴集团旗下的速卖通在俄罗斯市场实现300%的年增速，成为跨境电商领域的标杆。

第四阶段：数字经济时代的生态重构（2021年至今）

面对平台经济转型，阿里巴巴人力资源战略进入"生态型组织"建设阶段。2021年，集团启动的"阿里巴巴商业操作系统"，将人力资源规划与产业数字化深度融合。通过"数字人才银行"系统，把600万平台商家员工的培训认证纳入集团人才库。例如，为天猫美妆店主提供数据运营师认证，持证者可优先获得平台流量支持。2023年，集团推出的"青橙计划"，联合浙江大学等高校，用虚拟现实技术模拟商业决策场景，实现每年10万数字化管理人才的规模化培养。在组织架构层面，集团彻底取消传统职级体系，推行"项目联邦制"——员工可同时参与多个创新项目，薪酬由项目价值贡献决定。这种模式下，30人规模的"通义千问"AI团队，用11个月完成从立项到产品发布的全流程，刷新大型科技企业创新速度的纪录。

战略支撑体系与技术创新

贯穿各阶段的是持续进化的数字化管理系统。2015年阿里巴巴上线的"阿里HR大脑"，整合了20余个业务系统数据，可预测未来6个月的人才缺口并自动触发招聘流程。2020年新冠疫情期间，该系统提前37天预警客服中心人力短缺，通过"共享员工"计划协调餐饮企业闲置员工支援，保障了天猫"618"大促期间平台的平稳运行。在员工发展方面，AI教练"小蜜"累计为200万员工提供个性化学习路径建议，使培训资源利用率提升60%。区块链技术的应用，使得跨境轮岗员工的资质认证时间从45天缩短至7分钟，极大提升了全球人才配置效率。

社会价值与行业影响

阿里巴巴集团的人力资源战略创新产生显著溢出效应。其首创的"公益时"制度，将员工志愿服务时间折算为假期和晋升积分，带动互联网行业建立社会责任积分体系。其与联合国合作开发的"数字人才发展指数"，已被23个国家用于评估数字经济人力资源水平。在乡村振兴领域，阿里巴巴集团通过"村淘人才培养计划"累计培训27万农村电商人才，带动163个县域产业升级。这些实践印证了"商业价值与社会价值双螺旋"理论，重新定义了企业人力资源战略的使命维度。

挑战与未来展望

当前阿里巴巴正面临新的考验：Z世代员工占比超过60%，传统价值观传承方式遭遇代际认知差异；全球化进程中的地缘政治风险，使得海外人才布局面临不确定性。2024年阿里巴巴集团启动的"组织生命力工程"，试图通过元宇宙空间构建沉浸式文化体验，在虚拟世界中实现跨代际价值观对话。同时，与达摩院联合研发的"战略推演大模型"，能模拟不同国际局势下的人才供应链风险，为战略规划提供预见性支持。这些探索或将再次改写数字经济时代人力资源管理的底层逻辑。

阿里巴巴的实践验证了人力资源战略与企业生命周期的动态适配规律：初创期——强文化塑造组织韧性，成长期——柔性架构支撑战略扩张，成熟期——数字技术驱动效率革命，转型期——生态思维重构价值网络。其突破性在于将人力资源规划从成本控制工具升级为战略创新引擎，通过价值观制度化、能力模块化、数据资产化，构建起适应数字经济复杂性的新型管理模式。这为传统企业数字化转型提供了可借鉴的路径，也为管理学理论发展贡献了中国情境下的原创洞见。

请根据案例回答下列问题：

1. 选择题

（1）阿里巴巴在创业初期人力资源管理的核心特征是_____。

    A. 数字化人才银行建设　　　　　B. 价值观驱动型考核

    C. 全球化轮岗制度　　　　　　　D. 项目联邦制薪酬体系

（2）支撑阿里巴巴多元化战略的组织架构改革是_____。

    A. 矩阵式管理　　　　　　　　　B. 大中台、小前台

    C. 事业部制　　　　　　　　　　D. 扁平化架构

（3）区块链技术在阿里人力资源中的主要应用是_____。

    A. 预测员工离职风险　　　　　　B. 缩短跨境资质认证时间

    C. 优化培训资源分配　　　　　　D. 自动触发招聘流程

2. 论述分析题

（1）简述阿里巴巴人力资源战略的数字化支撑体系。

（2）阿里巴巴全球化阶段的文化融合机制包含哪些创新？

（3）案例中提到的阿里巴巴未来的挑战是什么？其应对措施又有哪些？

七、参考答案及解析

第三章

职位分析与胜任素质模型

一、学习目标

（一）知识目标

1. 能了解并识记职位分析的相关概念、功能定位、流程、技术，信息收集的方法以及职位说明书的撰写原则、内容构成等内容。

2. 能明确职位设计和职位再设计的内容与方法，阐述胜任素质模型的内涵、构建步骤及其在人力资源管理中的应用等内容。

（二）能力目标

1. 能理解胜任素质模型的基本概念和作用，了解不同职位所需的胜任素质特征。

2. 能运用职位分析信息收集方法，掌握职位设计原理胜任素质模型，并能够针对企业规模做相应的职位设计。

（三）素质目标

1. 学生应具备良好的职业道德和职业操守，尊重职位分析工作的客观性和准确性，不掺杂个人主观偏见。

2. 学生应具备高度的责任心和敬业精神，认真对待每一个职位分析项目，确保分析结果的可靠性和有效性。

二、知识体系

（一）职位分析

1. 职位分析概述

（1）职位分析的概念★★★

职位分析是对组织内职位进行全面了解和分析的一项管理活动，又称工作分析。

职位分析主要包括：

①工作描述。即"该职位是做什么事情的"，主要包括工作识别项目、工作概要、工作职责、工作环境、补充信息和工作说明书。

②工作规范。即"什么样的人来做这些事最合适"，主要包括：一般要求，如年龄、性别、学历、工作经验等；生理要求，如健康状况、力量与体力、运动的灵活性、感官的灵敏度等；心理要求，如事业心、合作能力、观察力、领导能力、组织能力、沟通能力等。

（2）职位分析的相关概念

任务：是为达到一个特定目的所进行的一项活动，如设计一份问卷。

职责：是指一个人担负的由一项或多项任务组成的活动，如人事经理的职责之一是进行工资调查。

职位：是在一定的时间内，由一个特定的人及其所担负的一个或数个职责组成，如市场部经理。

职务：主要职责在重要性和数量上相当的一组职位的统称。职务可以由一个职位构成，也可以由多个职位构成。

职系：又称职种，是指职责工作性质类似，但职责难易程度和任职资格存在差异的职位的集合。例如：管理职系、技术职系、生产职系和辅助职系。

职级：又称职位级别，是指同一职系内工作内容、工作难易程度、责任大小和任职资格都类似的职位的集合。同一职系内相同职级、职位的报酬应该相同。

职等：不同职系之间工作繁简程度、难易程度、责任大小和任职资格都类似的职位的集合。

（3）职位分析在人力资源管理过程中的功能定位

①有利于人力资源规划。

②有利于人员招聘与筛选。

③有利于绩效评估。

④有利于员工培训与开发。

⑤有利于合理确定工资报酬。

⑥有利于制定职业生涯规划。

（4）职位分析的过程

①准备阶段：主要任务是熟悉情况、建立联系和确定职位分析的样本。

②调查阶段：这是对整个工作过程和工作环境等主要方面所做的正式的研究和调查。

③分析阶段：主要任务是对有关工作特征和工作人员特征的调查结果进行深入全面的分析。

④完成阶段：本阶段的任务则是根据以上三个阶段的成果，编制出可供人力资源部门使用的工作描述和工作规范。

2. 职位分析技术与信息收集方法

（1）职位分析的技术

按照分析对象和分析目标的差异，职位分析技术可以分为：

①任务分析。主要是确定本职位需要完成的任务。

②方法分析。主要是确定任职者使用什么方法完成本职位的任务。

③人员分析。主要是确定任职者完成本职位的任务需要的资格。

（2）职位分析信息的收集方法★★★

①访谈法，又称面谈法，是指职位分析者请工作者讲述他们自己所做工作的内容，以及为什么做和怎样做，以此来获得所需的信息。主要围绕三个内容：工作目标、工作内容、工作的性质和范围。优点：获得多重信息。缺点：耗时长、成本高、信息失真。

②问卷调查法，是指要求被试者填写精心编制的职位分析问卷，从而获取有关的工作信息的方法。优点：收集信息快、调查面广、结果可数量化。缺点：费时、费用高、易受主观影响、有偏差。

问卷法主要可以分为两种：一般职位分析问卷法和指定职位分析问卷法。一般职位分析问卷法适合于各种工作，问卷内容具有普遍性。指定职位分析问卷法适合于某一种指定的工作，问卷内容具有特殊性，一张问卷只适合于一种工作。

③观察法，是指职位分析者（观察者）仅仅观察工作者（被观察者）的工作，记录工作各部分的内容、原理和方法，而不干扰工作者的工作。优点：更深刻地了解工作要求。缺点：不适用于某些工作（脑力的、紧急的或偶然的）。

④主题专家会议法，是一种团队决策的方法。

⑤文献分析法，是充分利用历史和现在的动态资料获取相关职位信息，系统地进行工作分析的一种方法。

⑥工作日志法，是指对实际工作中特别有效或无效的工作者行为进行简短描述，当大量的这类小事例收集起来以后，按照他们所描述的工作领域进行归纳分类，最后就会对实际工作的要求有一个非常清楚的了解，以此获得所需的信息。

优点：揭示工作动态性、所得材料适用性强。

缺点：很难对一般工作行为形成总的概念。

3. 职位说明书

（1）职位说明书撰写的原则

①科学性和前瞻性相结合

②人职动态匹配和有机融合

③全面性和系统性相结合

④整体设计与员工参与相结合

（2）职位说明书的内容构成

①工作描述

工作描述部分需要重点考虑的问题是工作的构成因素有哪些，完成每个任务的时间、地点和方式等是什么。具体来说包括以下几个方面：做什么工作？什么时候做？为什么做？在哪里做？怎么做？

②职责范围

职责范围是指从事该项工作的员工具体分管或负责的人、财、物有哪些。具体来说包括以下几个方面：负责的下属是谁？负责的机械、设备及原材料有哪些？可以控制的预算范围有多少？其他的职责。

③工作关系

工作关系是指由于工作需要，该员工必须与组织内外的个人或部门沟通、协调的事务。具体来说包括以下几个方面：与上级的直接关系；与同事的直接关系；与组织内其他部门的关系；与社会公众的关系。

④工作要求条件

工作要求条件既包括工作完成的质量标准和数量标准，也包括对完成该项工作的员工的生理、心理和技能方面的要求。具体来说包括以下几个方面：工作数量标准和质量标准；工作的技能和经验；工作要求的教育程度和培训；工作要求的身体条件和健康条件；工作要求的上进心和人际沟通能力。

⑤工作环境

这里的工作环境既指工作的物理环境，也指工作的人际环境和社会环境，具体来说包括以下几个方面：工作本身的环境和周围环境；社会环境及工作小组内的人际环境；工资、福利、待遇、劳动保护等；提升机会。

（二）职位设计与职位再设计

1. 职位设计概述★★★

职位设计是指为了有效达成组织目标，同时也为了满足员工的需要，以提高其工作绩效，对工作内容、工作职责、工作关系等方面进行的变革和设计。

职位设计的内容：工作内容、工作职责、工作关系、工作产出、工作结果的反馈、任职者的反应。

◆职位设计需要考虑三个方面的因素：环境、组织和行为因素。

（1）职位设计的基本模式

①职能导向的职位设计

②流程导向的职位设计

③团队导向的职位设计

④能力导向的职位设计

（2）职位设计原理

①科学管理理论

科学管理理论由"科学管理之父"弗雷德里克·温斯洛·泰勒提出，该理论主张用科学的方法确定工作中的每一个要素，减少动作和时间上的浪费，提高生产率。这种设计使得工作更为机械化，忽视了人在工作中的地位，结果使得人更加厌倦枯燥的工作，有可能导致怠工、旷工、离职甚至罢工等恶性事件。这提醒管理者们：职位设计必须考虑到人性的因素。

②工效学理论

工效学是从人、机、环境系统的角度出发，研究人在生产劳动中的工作方法、动作、环境、疲劳规律，研究人、机、环境各个要素的相互关系，探讨工作效率、安全、健康、舒适的工作方案。现代工效学的基本指导思想是以人为本，以人为主体。在一定的外部空间环境下妥善地处理好人、机矛盾，寻求符合人的生理规律和心理规律的最佳方法，使劳动者在从事各种工作活动时都能感到舒适、方便和安全。

③人际关系理论

梅奥的人际关系理论主要包括三条：工人是"社会人"而不是经济人，企业中存在着非正式组织，新的领导能力在于提高工人的满意度。

④工作特征模型理论

工作特征模型（job characteristics model，JCM）提出五种主要的工作特征：技能多样性、任务完整性、任务重要性、工作自主性和工作反馈。工作特征模型理论认为，如果员工知道个人在其关注的任务上完成得很好，那么他会获得一种内在激励。这种内在激励的程度可以用一个等式来形象地表述：

激励潜力得分=[（技能多样性)+(任务完整性)+(任务重要性)/3]×自主性×反馈

2. 职位设计的内容与方法

职位设计的核心是因事设岗，主题内容包括确定职位的职责、编制和任职资格等，以实现事、岗、人的对接。

（1）公共组织的"三定"管理

①定职能

②定内设机构

③定人员编制

（2）工商组织的"四定"管理

①定岗管理

②定责管理

③定编管理

④定员管理

3. 职位再设计方法

（1）激励型职位设计

三种激励型职位设计的方法：工作轮换、工作扩大化、工作丰富化。

积极效果：更高的工作满意度、激励性、工作参与度、工作绩效和更低的缺勤率等。

消极效果：需要更多的培训时间，利用率更低、错误率更高，出现精神负担和工作压力的可能性更大。

（2）人性化的职位再设计

人性化的职位再设计是以改善员工工作生活质量，提升员工工作满意度和工作绩效为主要目的的职位设计方法，其中构建自主性工作团队、改善工作生活质量和实行灵活工作时间等方法应用较为广泛。实行灵活工作时间是顺应社会发展趋势的一种新方法。从实践来看，灵活工作时间制度有三种形式：压缩每周工作天数、弹性工作制和非全时工作制。例如，压缩每周工作天数，员工可以将一个星期内的工作压缩在2~3天内完成，剩余时间自己安排。

（三）胜任素质模型

1. 胜任素质模型概述

（1）胜任素质的定义 ★★★

胜任素质是指在特定职位上取得高绩效的员工所具备的知识、技能、社会角色、态度、自我形象、价值观、动机和特质等个体特征。

（2）胜任素质的四个特性

①层次性

②区分性

③关联性

④可测性

（3）胜任素质的理论模型 ★★★

①胜任素质冰山模型

胜任素质冰山模型由美国著名心理学家麦克利兰于1973年提出，后由美国学者莱尔·M.斯潘塞和塞尼·M.斯潘塞博士从特征的角度进一步发展完善。该模型将个体素质划分为易于观察和测量的外显部分（冰山以上部分）和难以观察和测量的内隐部分（冰山以下部分）。

麦克利兰把胜任素质特征划分为知识、技能、社会角色、自我形象、特质和动机六个层次，并认为胜任素质模型可以划分为两大部分：水上冰山部分（知识和技能），即基准性胜任素质特征，这只是对胜任者基础素质的要求，它不能把表现优异者与表现平平者区别开来；水下冰山部分，包括社会角色、自我形象、特质和动机等胜任素质特征，可以统称为鉴别性胜任素质特征，是区分表现优异者与表现平平者的关键因素。

麦克利兰的研究表明，对于各行业成功的管理者而言，有两类胜任特征是他们共同需要的：个体内部的优异特征、个体对工作群体进行组织的特征。

胜任素质的冰山模型如图3-1所示。

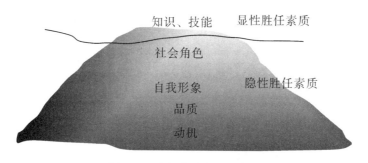

图3-1　胜任素质的冰山模型

②胜任素质洋葱模型

美国学者博西特兹提出的胜任素质洋葱模型由内至外地说明了胜任素质各个构成要素逐渐被观察、衡量的特点，主要包括个性、动机、自我形象、社会角色、价值观、态度、知识和技能。

胜任素质洋葱模型如图 3-2 所示。

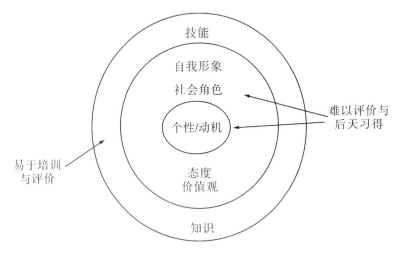

图 3-2　胜任素质洋葱模型

2. 任职资格与胜任素质模型

（1）任职资格与胜任素质模型关系

相同点：本质上同属一个范畴，都涉及承担职位职责应具备的显性素质和隐性素质。

不同点：任职资格强调的是承担某个职位职责的基本要求，胜任此职位且能产生高绩效的素质和行为特征，强调的是高绩效的胜任要求。胜任素质模型强调的是某个职位的知识、技能、能力和经验等显性素质要求，强调的是胜任此职位并能带来高绩效的动机、特质和价值观等隐性素质要求。

（2）任职资格与胜任素质模型转换

组织可以按照胜任素质模型开发的要求将任职资格能力和素质等要素进行分解、合并和转换，建立符合组织需求的胜任素质模型，为组织实现高绩效奠定基础。

任职资格向胜任素质模型的转换过程：第一步，根据组织战略，结合组织实际，确定组织需要建设的胜任素质模型的类型；第二步，按照胜任素质模型构建的目的和要求，运用获取的胜任素质数据和多种分析方法，对任职资格的素质和能力要素进行分解、归纳，并转化为胜任素质；第三步，对各项胜任素质权重、等级数量和等级标准等进行细化和量化，最后形成胜任素质模型。

3. 胜任素质模型的构建

（1）组织属性与行业特征层面分析

（2）组织战略与文化层面分析

（3）职位分类与职位职责层面分析

（4）绩效优秀者个体层面分析

（5）胜任素质模型设计与建立

（6）胜任素质模型验证与实施

4. 胜任素质模型的应用

（1）胜任素质模型在人员甄选中的应用

人与人的比较：从应聘者中选择最优秀或最合适的个体。

人与标准的比较：根据职位胜任素质模型来确定应聘者中是否有合适的人选。

（2）胜任素质模型在绩效考核中的应用

绩效考评指标构建方面：组织可以将胜任素质模型中的隐形指标转换为绩效考评指标。

绩效考评结果确定与反馈方面：区分绩效优秀者和一般者；对于绩效一般者，可通过胜任素质模型发现能力的不足与问题，然后进行有针对性的指导培训。

（3）胜任素质模型在薪酬管理中的应用

在薪酬管理中引入胜任素质模型，使得员工的知识、素质、能力与薪酬紧密关联起来，表明组织对驱动高绩效的素质与能力的关注和认可，这是现代组织薪酬管理的发展趋势。

三、拓展阅读

人才是第一资源（思想纵横）[①]

人才是富国之本、兴邦大计。习近平总书记在党的二十大报告中强调，必须坚持"人才是第一资源"，深入实施"人才强国战略"，坚持"人才引领驱动"。当前，世界新一轮科技革命和产业变革正在重构全球创新版图、重塑全球经济结构。创新驱动实质上是人才驱动，谁拥有一流的创新人才，谁就拥有科技创新的优势和主导权。

中国共产党的百年奋斗史，也是一部集聚人才、团结人才、造就人才、壮大人才的历史。革命战争年代，着眼革命斗争需要，我们党大力培养选拔对党忠诚、英勇善战、不怕牺牲的干部。中华人民共和国成立后，着眼于开展大规模经济建设，我们党大力培养选拔懂政治、懂业务、又红又专的干部。党的十一届三中全会后，着眼于推进改革开放和社会主义现代化建设，我们党大力培养选拔有知识、懂专业、锐意改革的干部。正是坚持党爱人才、党兴人才、党聚人才，我们党培养造就了一批又一批优秀人才，始终充满生机活力，团结带领人民取得了一个又一个伟大胜利。

党的十八大以来，以习近平同志为核心的党中央统筹中华民族伟大复兴战略全局和世界百年未有之大变局，全面深入推进人才强国战略，高瞻远瞩谋划人才事业布局，大刀阔斧改革创新，广开进贤之路、广聚天下英才，深刻回答了什么是人才强国、为什么建设人才强国、怎样建设人才强国的重大理论和实践问题，推动新时代人才工作取得历史性成就、发生历史性变革。

---

① 人民网. 人才是第一资源（思想纵横）[EB/OL].（2023-01-12）[2024-10-24]. http://theory.people.com.cn/n1/2023/0112/c40531-32604698.html.

踏上全面建设社会主义现代化国家新征程，我们比历史上任何时期都更接近实现中华民族伟大复兴的宏伟目标，也比历史上任何时期都更加渴求人才。赢得国际竞争的主动，实现我们党确定的奋斗目标，完成中华民族伟大复兴的历史伟业，都要靠人才。

习近平总书记在中央全面深化改革委员会第二十四次会议上指出："我国拥有世界上规模最大的高等教育体系，有各项事业发展的广阔舞台，完全能够源源不断培养造就大批优秀人才，完全能够培养出大师。我们要有这样的决心、这样的自信。"目前，我国已成为全球规模最宏大、门类最齐全的人才资源大国，在全球创新指数排名中，我国从 2012 年的第三十四位上升到 2022 年的第十一位。新时代十年，我国教育、科技、人才事业蓬勃发展，为书写经济快速发展和社会长期稳定两大奇迹新篇章奠定了坚实基础。

人才强国建设是一项需要持之以恒、久久为功的历史性工程，需要遵循人才成长规律，坚定走好人才自主培养之路，不断优化人才队伍结构，重点抓好战略科学家、顶尖人才、"卡脖子"技术攻关人才、基础研究人才的培养，培养造就大批哲学家、社会科学家、文学艺术家等各方面人才，为全面建成社会主义现代化强国凝聚强大动力、提供强大支撑。同时，持续深化人才发展体制机制改革，不断提高人才政策精准化程度，下力气深化人才发展体制机制改革，解决好人才评价唯论文、唯职称、唯学历、唯奖项等问题，加快形成有利于人才成长的培养机制、有利于人尽其才的使用机制、有利于人才各展其能的激励机制、有利于人才脱颖而出的竞争机制，让各类人才的创造活力竞相迸发、聪明才智充分涌流，为实现中华民族伟大复兴的中国梦汇聚磅礴力量。

四、思政专栏

【"该用谁"还是"谁该用"】

为政之要，莫先于用人。选好人用对人，一直以来都是干事创业的关键所在。可是选什么人才是对的呢？怎样用才算用好了？

习近平总书记说过，"用什么人、用在什么岗位，一定要从工作需要出发，以事择人，不能简单把职位作为奖励干部的手段"。也就是说，合理使用干部，就要以事择人，用其所长，注重人和岗、人和事之间的匹配度。骏马能历险，犁地不如牛。再才华横溢的干部，放到不适合的岗位上也是抓瞎。比如，有的干部抓经济工作有板有眼，对文化工作却可能无处入手；有的做群众工作游刃有余，理论研究却可能捉襟见肘。

人各有异，干部各有擅长，以事择人才是选人用人的最佳选择。工作中尤需做到"智者取其谋，勇者取其威"，事业需要什么样的人就选什么样的人，岗位缺什么样的人就补什么样的人。只有始终立足一个地方、一个领域、一条战线的发展需要，多考虑"该用谁"而不是"谁该用"，真正把合适的人放到合适的岗位上，对于事业发展才是大有裨益的。

五、实战演练

【实战演练一】

小王是一家物业公司的人力资源部经理。该物业公司近年来承接的物业管理项目越来越多，公司的管理架构、工作流程和人员的职责要求都发生了很大变化，但公司的职位说明书多年未变。公司领导要求人力资源部梳理组织结构和职位设置，重新编写职位说明书。为此，小王向领导提出通过工作分析来编制职位说明书的工作计划，该计划说明了此次工作分析的目的、开展工作分析的主体、收集信息的类型、具体的实施时间，以及所需的费用。该计划得到领导同意后，小王组织实施了公司的工作分析。小王首先全面了解了工作相关的背景信息，然后选取了典型职位进行分析，在取得经验后，对公司的所有职位进行全面分析；在此基础上，小王编写了所有职位的工作描述和任职资格，在任职资格中，还详细界定了任职资格者的教育程度、培训、知识、工作技能和心理品质等要求。

根据以上材料，回答下列问题：

1. 小王在选取典型职位时应考虑的因素有_____。
   A. 职位的代表性　　　　　　　B. 职位的关键程度
   C. 职位内容的变化程度　　　　D. 职位工作的自主性

2. 该公司通过工作分析得到的任职资格还应该包括_____。
   A. 资格证书要求　　　　　　　B. 工作职责要求
   C. 工作经验要求　　　　　　　D. 绩效标准要求

3. 小王在编写任职资格时，应注意的事项包括_____。
   A. 根据任职者当前的情况编写任职资格
   B. 文字表述和用词要符合相关政策法规
   C. 任职资格是履行职位职责的最低要求
   D. 任职资格不得在性别、年龄等方面存在歧视现象

【实战演练二】

小刘是某公司的新任人力资源部经理，他希望能够立即在公司开展工作分析，他参考有关书籍编制了一些问卷，发放给员工填写，但是员工填写的质量不高。从操作工人和技术人员那里得到的关于其工作的信息，与从他们的直接上级那里得到的信息大不相同；问卷的回收情况也不理想，原本想选取的标杆岗位也没有选取。这样编制的职位说明书投入使用后，很多员工反映其并不准确，纷纷抱怨。

根据以上材料，回答下列问题：

1. 本案例中反映出的问卷调查法的缺点不包括_____。
   A. 问卷回收率得不到保证

B. 问卷的编制技术要求较高

C. 不同员工对问卷内容的理解存在差异

D. 成本高且费时费力

2. 对于技术岗位的工作分析，除了问卷调查法之外，适用的方法还有_____。

    A. 访谈法   B. 观察法

    C. 管理游戏法   D. 视听法

3. 下列关于职位说明书的描述，正确的有_____。

    A. 它包括工作描述和工作规范

    B. 不同企业的职位说明书的形式和内容是一样的

    C. 职位说明书是工作分析的结果之一

    D. 职位说明书的管理和使用是一个动态的过程

六、技能训练

（一）单项选择题

1. 通过_____，我们可以确定工作的任务和性质是什么，以及哪种类型的人适合从事这一工作。

    A. 职位分析   B. 人力资源规划

    C. 面试   D. 员工培训

2. 职位分析主体成果是_____。

    A. 工作规范   B. 工作描述

    C. 职位说明书   D. 任职资格

3. 职位分析的核心环节_____。

    A. 核实、删除和补充收集的信息   B. 收集职位分析信息

    C. 选择职位分析样本   D. 全面分析和综合信息资料

4. 由任职者本人自行记录的一种信息收集方法为_____。

    A. 主题专家会议法   B. 观察法

    C. 工作日志分析法   D. 问卷调查法

5. 一般来说，职位说明书以职位现状为基础，体现_____原则。

    A. 因人设岗   B. 因人定事

    C. 强调任务   D. 人岗匹配

6. 职能导向的职位设计是_____将组织战略目标和任务层层分解并落实到具体部门和职位。

    A. 自上而下   B. 自下而上

    C. 横向   D. 纵向

7. 职位设计的核心是_____。

    A. 因人设岗   B. 因事设岗

C. 因编设岗 D. 人力资源规划

8. 职位丰富化的理论基础是_____。

    A. 公平理论 B. 需求层次理论

    C. 双因素理论 D. 激励理论

9. 胜任素质冰山模型中，下列属于"基准性"胜任素质的是_____。

    A. 自我概念 B. 特质

    C. 动机 D. 知识

10. 一个人的自我形象主要来自自身与他人的比较，而比较的标准是_____。

    A. 态度 B. 价值观

    C. 知识 D. 技能

（二）多项选择题

1. 职位分析包含_____。

    A. 正确描述工作的内容和实质

    B. 分析并确定执行此项工作的人应具备的资格条件

    C. 职位相关信息

    D. 职位说明书

    E. 岗位工资

2. 职位分析是人力资源管理的基础环节，具有_____等特点。

    A. 复杂性 B. 多变性

    C. 系统性 D. 程序性

    E. 整体性

3. 职位说明书主要由_____构成。

    A. 工作关系 B. 工作描述

    C. 工作规范 D. 人员要求

    E. 工作环境

4. 在进行职位分析信息的收集时，文献资料主要来自_____。

    A. 知网 B. 组织的规章制度

    C. 组织外部相关职位的信息资料 D. 相似职位的分析结果

    E. 管理者经验

5. 实现职位丰富化的主要路径有_____。

    A. 增加员工责任 B. 对员工充分授权

    C. 强化反馈激励 D. 提升工作积极性

    E. 明确工作目标

（三）判断题

1. 职位分析是人力资源管理的基础工作，而胜任素质模型则是职位分析的进一步延伸和深化。 （　　）

2. 胜任素质模型主要用于招聘选拔，对员工的培训和发展没有直接作用。（　　）

3. 在构建胜任素质模型时，应该尽量包含更多的素质要素，以确保模型的全面性。
（　　）

4. 职位分析和胜任素质模型都是一次性的工作，完成后就不需要再进行更新和调整。（　　）

5. 在职位分析中，可以采用问卷调查、观察法和关键事件法等多种方法来收集职位信息。（　　）

6. 胜任素质模型只能用于高层管理人员的选拔和培养，对基层员工没有价值。
（　　）

7. 职位分析的结果可以直接转化为胜任素质模型，不需要进行进一步的加工和处理。（　　）

8. 胜任素质模型构建完成后，应该保持固定不变，以确保组织文化的稳定性和连续性。（　　）

9. 在构建胜任素质模型时，应该忽略员工的个人特点和偏好，只关注职位的客观要求。（　　）

10. 职位分析和胜任素质模型都是人力资源管理中的独立工作，两者之间没有直接的联系。（　　）

（四）名词解释

1. 职位分析
2. 胜任素质
3. 胜任素质模型
4. 人员分析
5. 胜任素质洋葱模型

（五）简答题

1. 任务分析的五大工具是什么？
2. 职位分析的流程是什么？
3. 职位分析说明书的撰写原则有哪些？
4. 激励型职位再设计的方式有哪些？
5. 胜任素质的冰山模型包含哪些胜任素质？

（六）论述题

1. 论述任职资格与胜任素质模型的关系。
2. 论述胜任素质模型在人员甄选、绩效考评和薪酬管理中的应用。

（七）案例分析题

案例一：华为公司素质模型和任职资格管理体系

华为技术有限公司（简称"华为"）作为全球领先的信息与通信技术（ICT）解决方案供应商，其成功在很大程度上归因于其独特的人力资源管理体系。其中，素质模型和任职资格管理体系是华为人力资源管理的重要组成部分。

华为素质模型是在价值评价体系中构建的，其作为华为价值评价体系中的一个组成环节，为员工的职业发展提供了明确的导向。华为素质模型主要包括专业知识、技能、价值观、态度、团队合作等要素。这些要素不仅体现了华为对员工的基本要求，也反映了华为对员工的期望。

华为任职资格管理体系包括技术任职资格、营销任职资格、专业任职资格和管理任职资格。每一类任职资格都分为六级，每级又分为四等，即职业等、普通等、基础等、预备等。这种详细的划分使得华为能够更准确地评估员工的能力和潜力，为员工提供更加个性化的职业发展路径。

那么华为是如何构建职业发展通道的呢？华为通过任职资格管理与职位相结合，为员工提供了清晰的职业发展通道。员工可以根据自己的兴趣和能力，选择适合自己的职业发展路径，实现个人价值和企业价值的双赢。

此外，华为还构建了任职资格认证。任职资格认证是指为证明申请人是否具有相应任职资格标准而进行的鉴定活动。通过任职资格认证，华为能够确保员工具备胜任该职位的基本条件，提高整体的人才质量。华为任职资格标准是基于岗位责任和要求，对承担该岗位的长期综合绩效优秀的员工被证明了的成功行为和能力要素进行归纳而形成的评价指南。这些标准不仅为员工提供了明确的发展方向，也为企业的招聘、培训、晋升等人力资源管理活动提供了依据。

华为素质模型和任职资格管理体系的实施为华为带来了显著的效果。首先，这一体系使得华为能够更准确地评估员工的能力和潜力，为企业的招聘、培训、晋升等人力资源管理活动提供了有力支持；其次，通过为员工提供清晰的职业发展通道和个性化的职业发展路径，华为激发了员工的积极性和创造力，提高了员工的工作满意度和忠诚度；最后，这一体系还有助于华为优化人才结构，提高整体的人才质量，从而增强企业的竞争力。

华为素质模型和任职资格管理体系是华为人力资源管理的重要组成部分，它们为华为的成功提供了有力保障。通过深入理解和借鉴华为的这一体系，其他企业可以更好地构建和实施自己的人力资源管理策略，提高员工素质和企业竞争力。

请根据案例回答下列问题：

1. 华为素质模型包括哪些主要要素？这些要素是如何与华为的企业文化和战略目标相契合的？

2. 华为任职资格管理体系是如何划分的？这种划分方式有哪些优点和潜在缺点？

3. 在华为的职业发展通道中，员工如何实现个人职业规划与企业需求的结合？

4. 华为的这一体系对其他企业在构建人力资源管理策略时有哪些启示或借鉴意义？

案例二：雀巢公司胜任素质模型：人才培育与业务增长的协同之道

在全球化的商业环境中，企业的成功越来越依赖员工的胜任素质。作为世界领先的食品和饮料公司，雀巢公司深知这一点，并在实践中不断完善其胜任素质模型。本文将深入探讨雀巢公司如何通过其独特的胜任素质模型，实现人才培育与业务增长的协同，从而在全球市场中保持领先地位。

雀巢公司成立于 1867 年，总部位于瑞士，是全球最大的食品和饮料公司之一。其产品范围涵盖了婴儿食品、咖啡、奶制品、巧克力、冰淇淋等多个领域。在全球拥有数百家工厂和数十万名员工，雀巢公司在各个市场都取得了显著的业绩。

雀巢公司的人力资源战略始终围绕着一个核心目标：吸引、发展和保留具备高胜任素质的员工。公司认为，员工的胜任素质是实现业务增长和持续创新的关键。因此，雀巢公司投入大量资源来构建和完善其胜任素质模型，确保员工具备完成工作所需的技能、知识和能力。

雀巢公司的胜任素质模型是一个综合性的框架，旨在指导员工在职业发展中不断提升自己的胜任素质。该模型包括六个关键要素：第一个关键要素为战略理解与执行。这要求员工具备对业务战略和市场趋势的深入理解，并能够将这些战略转化为具体的行动计划。第二个关键要素为团队合作与领导力。雀巢强调团队合作的重要性，并鼓励员工发展领导力，以推动团队协同和达成共同目标。第三个关键要素为跨文化沟通能力。作为一家全球性的公司，雀巢注重培养员工在多元文化环境中的沟通能力，以促进跨国合作和业务拓展。第四个关键要素为持续学习与自我发展。雀巢鼓励员工保持持续学习的态度，不断提升自己的专业知识和技能，以适应不断变化的市场环境。第五个关键要素为创新能力与问题解决。公司重视员工的创新意识和问题解决能力，认为这是推动业务增长和实现竞争优势的关键。第六个关键要素为诚信与价值观。雀巢强调员工的诚信和道德价值观，认为这是构建良好企业文化和品牌形象的基础。

雀巢公司胜任素质模型在企业主要应用于以下几个方面：

招聘与选拔：在招聘过程中，雀巢公司根据胜任素质模型的要求，评估应聘者的能力和潜力；通过面试、测试和评估中心等方式，确保招聘到的员工具备所需的胜任素质。

培训与发展：雀巢公司提供个性化的培训计划，帮助员工提升胜任素质。这些培训包括技能培训、领导力发展、跨文化沟通等，旨在帮助员工实现个人成长和职业发展。

绩效评估与激励：雀巢公司采用目标管理和 360 度反馈等绩效评估方法，全面评估员工的绩效和胜任素质；根据评估结果，采取奖金、晋升、职业发展机会等激励措施，以鼓励员工持续改进和提升。

职业路径规划：雀巢公司为员工提供清晰的职业路径规划，帮助他们了解自己在公司中的发展机会和方向；通过与员工的定期沟通和职业规划讨论，确保员工的个人目标与公司的战略目标相一致。

胜任素质模型对雀巢公司的影响有以下几个方面：

业务增长：通过构建和实施胜任素质模型，雀巢公司成功吸引和保留了一支具备高胜任素质的员工队伍。这使得公司能够不断创新和拓展业务，实现持续增长。

人才梯队建设：胜任素质模型为雀巢公司提供了清晰的人才选拔和培养标准。通过有针对性的培训和发展计划，公司能够快速培养出具备领导力和专业技能的人才梯队，为公司的长期发展提供有力支持。

组织协同与效率：胜任素质模型促进了员工之间的合作和协同。通过强调团队合作和领导力等胜任素质，雀巢公司成功打造了一个高效、协同的组织文化，提高了整体运营效率和市场响应速度。

品牌形象与企业文化：雀巢公司注重员工的诚信和价值观培养，这使得公司的品牌形象和企业文化得到了广泛认可。员工的高素质和良好形象为公司赢得了消费者的信任和忠诚。

通过构建和实施胜任素质模型，雀巢公司成功实现了人才培育与业务增长的协同之道。这一模型不仅为公司提供了明确的人才选拔和培养标准，还促进了员工之间的合作和协同，提高了整体运营效率和市场响应速度。同时，胜任素质模型也为公司的品牌形象和企业文化建设做出了积极贡献。

在未来的发展中，雀巢公司将继续完善其胜任素质模型，以适应不断变化的市场环境和业务需求。通过持续优化人力资源战略和培养具备高胜任素质的员工队伍，雀巢公司有望在全球市场中保持领先地位并实现持续增长。

请根据案例回答下列问题：

1. 选择题

（1）雀巢公司的胜任素质模型主要包括_____方面。

  A. 三个   B. 四个

  C. 六个   D. 八个

（2）雀巢公司在招聘过程中，主要依据_____来评估应聘者的能力和潜力。

  A. 工作经验   B. 学历背景

  C. 胜任素质模型   D. 个人兴趣

（3）雀巢公司的胜任素质模型中，不包括_____。

  A. 战略理解与执行   B. 跨文化沟通能力

  C. 团队协作能力   D. 技术专业能力

2. 论述分析题

（1）请简述雀巢公司胜任素质模型在员工绩效评估中的作用。

（2）分析雀巢公司如何通过胜任素质模型实现业务增长和持续创新。

七、参考答案及解析

第四章

人员招聘

一、学习目标

（一）知识目标

1. 理解人员招聘的定义、目的及其在人力资源管理中的重要性。

2. 掌握招聘流程与关键环节，熟悉从需求分析、制订招聘计划、发布招聘信息、筛选简历、面试评估到录用决策的整个招聘流程，并理解每个环节的关键要点。

3. 了解招聘渠道与方法，掌握内部招聘与外部招聘的不同渠道（如校园招聘、社会招聘、猎头服务等）及其优缺点，能够根据实际情况选择合适的招聘渠道。

4. 认识招聘法规与伦理，了解国家关于劳动用工、反歧视等方面的法律法规，以及企业招聘应遵循的伦理原则，确保招聘活动的合法性与公平性。

（二）能力目标

1. 分析招聘需求的能力：能够基于企业战略目标、部门业务需求及岗位说明书，准确分析招聘需求，制订科学合理的招聘计划。

2. 筛选与评估候选人的能力：运用有效的简历筛选技巧、面试方法及测评工具，对候选人进行全面、客观的评价，提高招聘效率与质量。

3. 沟通与协调能力：在招聘过程中，能够有效与候选人、用人部门及上级管理层进行沟通协调，确保招聘流程顺畅进行。

4. 解决招聘问题的能力：面对招聘过程中出现的各种问题（如招聘周期长、候选人质量不高等），能够提出并实施有效的解决方案。

（三）素质目标

1. 培养学生的职业道德观念，确保在招聘过程中遵循公平、公正、透明的原则，对招聘结果负责。

2.强调在招聘工作中与团队成员紧密合作，共同完成招聘任务，提升团队整体效能。

3.鼓励学生关注人力资源管理领域的最新动态与研究成果，不断学习新知识、新技能，以适应不断变化的招聘环境。

4.激发学生的创新思维，鼓励他们在招聘过程中尝试新方法、新思路，以应对复杂多变的招聘挑战；同时，培养学生快速适应变化、灵活应对突发事件的能力。

二、知识体系

（一）人员招聘概述

1.人员招聘的定义、作用与要求

（1）人员招聘的定义 ★★★

人员招聘是指按照组织的战略目标、人力资源规划与用人部门要求，吸引与招募那些符合职位要求的人员前来应聘，通过人员测评技术进行甄选，把合适的人员录用到合适的职位上的过程。

（2）人员招聘的作用

①为组织创造价值，建立组织的核心竞争力。一方面，组织通过招聘合适的人员，可以降低管理成本，扩大成本—效益优势；另一方面，可以汇聚优秀人才，占领系统内人力资源"制高点"，建立竞争对手无法模仿的人力资源"软件"系统。

②为组织注入新鲜血液，提升组织活力和创新能力。组织通过从外部招聘人才，引入新的理念与思维模式，改善组织的发展模式，甚至引导组织变革和业务流程再造。

③提升组织知名度，树立良好的组织形象。通过参加各种招聘活动，应聘者可以切身感受和体验组织文化与价值观、组织工作环境和氛围等；招聘者可以让应聘者真切地了解组织，进而提升组织形象。

④作为一种人力资源开发与激励手段，增强组织内部凝聚力。人员招聘活动中，优秀人员得到晋升，本身可以作为一种人力资源开发与激励的手段，进而提高组织人员的积极性。

⑤促进人力资源合理流动，充分挖掘和发挥组织人力资源潜能。虽然过于频繁或大量的人员流动对组织是不利的，但正常范围内的人员流动有利于组织的持续健康发展。

（3）人员招聘的要求

人员招聘是人力资源管理系统中的重要职能模块之一，在人员招聘过程中要注意以下五点要求：

①符合国家和政府部门相关法律法规和政策。

②遵守组织自身的规章制度。

③确保被录用人员质量。

④节约成本，注重效率。

⑤遵循公平、公正、公开原则。

2. 人员招聘的流程

（1）招聘准备阶段

招聘准备阶段的主要任务在于，基于人力规划或空缺职位的情况，分析招聘需求、确定招聘策略、制订招聘计划、组建招聘小组和准备招聘实施过程中需要的物资，为招聘活动做前期准备工作。

（2）人员招募阶段

人员招募阶段的任务在于，通过各种渠道，尽可能多地吸引有意愿且符合组织需求的应聘者。

（3）人员甄选阶段

人员甄选一般包括初步筛选、面试、心理测验与笔试、评价中心技术测评与背景调查等环节，具体实施过程中，依据情况或多或少加以选择。

（4）人员录用阶段

人员录用主要包括人职匹配分析、体检、决策与录用、签订劳动合同和办理入职手续五个环节。

（5）招聘后续工作

在拟录用的候选人进入组织后，需要进行新员工导入培训和配置，以及招聘评估等活动。

3. 人员招聘计划与评估

（1）招聘计划

从人员招聘职能模块自身来看，人员招聘计划是指为了填补组织人力资源空缺，获取组织所需要的人力资源，确定人员招聘目标、流程和实施方案的过程。

一般来说，人员招聘计划始于招聘需求的分析，具体内容包括以下方面：招聘总则、招聘目标、招聘小组成员、招聘周期及进度安排、招聘途径与信息发布渠道、人员甄选方案、招聘广告样稿、招聘费用预算、后勤保障。

计划制订后，需要报送人力资源管理部门、财务部门等给相关领导审批，经修改确定后正式印发给招聘小组成员。

（2）招聘评估

招聘评估，即在人员招聘活动结束后，对招聘活动的效率、效益和效果，以及招聘工作过程本身进行评价和反馈，以进行经验总结。一般来说，主要从时间、成本、结果和过程四个方面对招聘活动进行评估。

①招聘活动效率评估。招聘活动效率评估指单位时间内招聘的人数，即完成招聘目标与所花费的时间比，反映了招聘的时效性，包括完成总招聘目标时间比、完成岗位招聘目标时间比。

②招聘活动成本效益评估。招聘活动成本效益评估是衡量招聘成本与效益的重要指标，是对招聘活动的费用进行核算分析，对照预算进行评价的过程。招聘活动成本效益评估分为招聘成本评估、招聘效用评估、招聘收益率评估。

③人员招聘数量与质量评估。录用人员的数量评估是检验招聘工作有效性的一个重要方面。录用人员质量评估是对人员的工作绩效行为、实际能力、工作潜力的评估，它是检验招聘工作成果与方法有效性的另一个重要方面。

④招聘工作过程与招聘人员表现评估。对招聘工作过程具体环节的实施情况进行回顾总结，以及对招聘过程中招聘小组工作人员的具体表现进行评价和经验总结。

（3）人员招聘的影响因素★★★

①组织外部因素。组织外部因素主要包括国家政策与法律法规、社会经济制度、宏观经济形势、技术进步、人力资源市场发展状况及产品技术市场状况等。

②组织内部因素。组织内部因素主要包括职位性质、组织战略、组织文化、组织形象和自身条件（包括组织的声望、发展阶段、管理水平、福利待遇、地理位置等）、组织的用人政策、招聘成本等。

③应聘者因素。应聘者因素主要包括应聘者的求职意愿强度、求职动机与目的、职业兴趣和求职偏好、个性特征等。

④招聘者因素。招聘者因素主要包括招聘者的招聘能力与素质，如客观公正性、评价经验、评价能力与遵守招聘规则的程度等。

总之，组织在制订具体的人员招聘计划方案和在实际的人员招聘过程中，需要考虑并分析以上这些因素，以便于因地制宜，灵活操作，提升招聘效率和效果。

（二）人员招募、甄选与录用

1. 人员招募

（1）人员招募的定义

人员招募，即组织根据人员需求和计划，发布招聘信息，吸引和获取潜在候选人的过程。人员招募一般包括发布招聘需求信息和接收应聘者信息两个部分。

（2）人员招募的渠道★★★

人员招募渠道，即组织获取人力资源的途径和方法，一般来说可以分为内部渠道和外部渠道。

①内部渠道是指在组织内部招募甄选符合职位任职资格要求的候选人，一般是以竞聘转岗和竞聘提拔等形式，找到合适的候选人填补职位空缺。内部渠道主要包括内部竞聘、档案信息库分析、内部举荐、人才储备。

②外部渠道是指组织出现职位空缺后，从组织以外的途径招募甄选符合组织职位任职资格要求的候选人，以填补组织职位空缺。外部渠道主要包括社会招聘和校园招聘。社会招聘途径主要包括：人力资源服务机构、报纸期刊等平面媒体、电视广播等影音媒体、网络媒体、人员举荐。校园招聘途径主要包括：人才交流会、专场招聘会、人才推介会、实习生计划会。

（3）内外部渠道优劣势分析★★★

内外部渠道的优缺点比较具体如表4-1所示。

表4-1　内外部渠道的优缺点比较

内部渠道	外部渠道
优点： 组织对候选人的能力有清晰的认识； 候选人了解工作要求和组织； 奖励高绩效，有利于鼓舞人员士气； 工作量小，效率高； 更低的成本	优点： 更大的候选人"蓄水池"； 会把新的技能和思想观念带入组织； 比培训内部人员成本低； 降低徇私的可能性； 激励老员工保持竞争力，发展技能
缺点： 容易造成"近亲繁殖"； 会引起为了晋升的"办公室政治"； 需要有效的培训和评估系统； 可能会因操作不公或心理因素导致内部矛盾	缺点： 增加与招募和甄选相关的难度和风险； 需要更长的培训和适应阶段； 内部的人员可能感到自己被忽视； 新的候选人可能并不适合组织文化； 增加搜寻成本

总之，每种招募渠道各有优劣势，一般来说，内部渠道与外部渠道相结合，能起到最佳的招聘效果。

2. 人员甄选

（1）人员甄选的定义

人员甄选，即通过人员测评方法与技术，对应聘候选人的能力素质进行综合评价，识别与挑选符合组织任职资格要求人员的过程。

（2）人员甄选的流程

一个完善科学的甄选流程，一般包括八个阶段（人员甄选的一般流程如图4-1所示）。其中，前三个阶段主要侧重于剔除不符合门槛性要求的应聘者，第四个阶段重点在于选拔适岗的潜在绩优者。

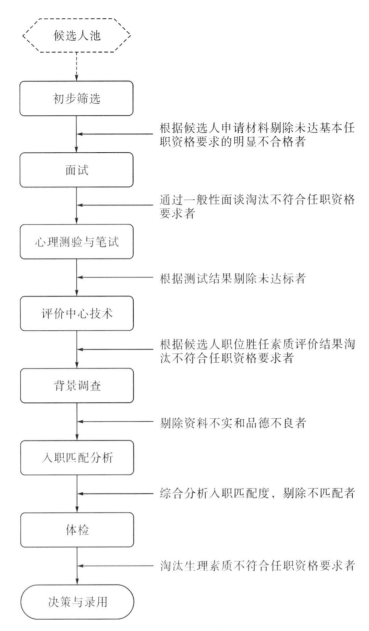

图 4-1　人员甄选流程

3. 人员录用

（1）人员录用的定义

人员录用是基于人职匹配原则对候选人进行录取决策，引导候选人正式进入组织任职并开展工作的过程。

（2）人员录用的流程★★★

人员录用流程主要包括：录用决策、录用通知、入职面谈、试用及考评、转正面谈、正式录用并签订劳动合同。具体的录用流程如图 4-2 所示。

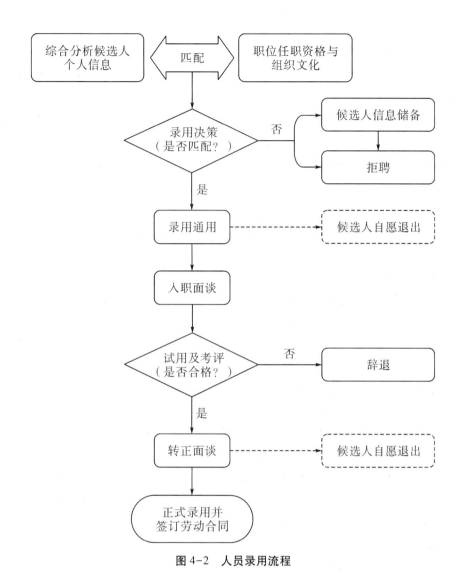

图 4-2　人员录用流程

（3）人员录用需要注意的问题

人员录用的根本原则是"人职匹配"的适合原则，即选择最合适的，而不一定是最优秀的候选人。

（三）人员测评方法与技术

1. 笔试

（1）笔试的定义

笔试主要是以阅读、理解与书写等方式评价应聘者特定的知识、专业技能水平、文字表达能力和有关心理素质的一种书面测评方式。

（2）笔试方法的优缺点

优点：适用面广、成本低，可大规模地实施测评，效率高，成绩的评定比较客观。

缺点：无法深入考查候选人的潜能、工作态度、品德素养、沟通表达能力和实际工作能力等，而且结果分析可能需要花费较多的人力成本。

2. 面试

（1）面试的基本类型

①根据面试过程和评价是否标准化，可以把面试分为非结构化面试、结构化面试和半结构化面试。

A. 非结构化面试也称随意性面试。在非结构化面试中，面试官和求职者进行的是一种开放式的、任意的沟通与交流，它没有固定的模式，没有事先设计好的问题，没有标准化的流程、时间限制、评价要素与标准，一般根据面试官感兴趣的问题即兴提问，面试官做综合性评价。

优点：灵活性强，可以掌握更多的信息。

缺点：没有统一的标准，对不同的应聘者不够公平，而且容易融入面试者的主观因素。

适用范围：比较重要的职位或灵活的职位。

B. 结构化面试，即面试的内容与流程经过精心设计，包括面试问题、能力素质评价标准、评判方法和工具、时间限制和面试环境布置等。

优点：根据事先设计好的程序进行，可以较好地避免面试者的主观偏见和面试过程中的偏差。

缺点：不够灵活，不能充分调整提问，以了解应聘者某些方面的信息。

适用范围：工作内容程序性较强的岗位。

C. 半结构化面试介于非结构化面试和结构化面试之间，它结合了两者的特点，既具有一定的灵活性，又保证了面试的公平性和一致性。

优点：适用范围广，既可用于评估专业技能，也可用于考查综合素质。

缺点：对面试官要求较高，面试官需要在遵循既定流程和灵活追问之间找到平衡，这对面试官的技巧和经验有一定要求。

适用范围：需要评估多种能力的岗位。

②根据面试中所提问题的性质，可以把面试分为基于行为的面试和基于情境的面试。

A. 基于行为的面试，主要是基于被面试者过往的经历，考查被面试者在过往实际工作中的行为表现，从而预测其与未来任职职位的匹配性。

B. 基于情境的面试，主要是通过创设一些假设性的情境，通常为一些两难情境，要求被面试者就相关问题做出回答和反应，进而对个体做出评价。

③根据面试中被面试者受到压力的程度，可以把面试分为压力面试与非压力面试。

A. 压力面试一般可以通过两种形式进行：一是多个面试官对一个被面试者的小组面试；二是面试官通过提一些刁钻的、非预期性的问题，甚至通过不礼貌的言行举止、两难情境问题等，给被面试者造成一种心理压力和紧张氛围，观察被面试者的行为反应和表现。

压力面试主要考查个体的情绪稳定性和抗压能力、自我调节能力、灵活沟通和人际关系处理能力等，一般用于对人员情绪稳定性和抗压能力要求高，或经常需要处理应急问题、人际冲突问题等的职位。

B. 非压力面试是一种旨在为应聘者营造轻松、友好氛围的面试方式，面试官通过温和的提问和互动，让应聘者能够自然地展示自己的能力和个性。与压力面试不同，非压力面试通常采用一对一的形式，面试官主要使用开放式问题，鼓励应聘者自由表达自己的想法和经历，并积极倾听和给予反馈，以建立良好的沟通和互动。

非压力面试主要考查应聘者的沟通表达能力、逻辑思维能力、专业知识技能以及个人素质和价值观，适用于大多数职位，特别是对沟通能力、团队合作能力要求较高的职位，以及应届毕业生和技术岗位的招聘。

（2）面试的技巧

为了使面试更加有效，提高面试的信度与效度，面试官可以从问、听、观、评四个方面把握好面试的实施。

①问：自然、亲切、渐近、聊天式地导入；提问通俗、简明、准确；问题安排要先易后难，循序渐进，恰到好处地转换、收缩、结束和扩展；要对整个面试过程的时间进行良好的分配与掌控。

②听：要善于发挥目光、点头等身体语言的作用；要善于把握和调节被面试者的情绪；要注意通过言辞、音色、音质、音量和音调等方面考查被面试者的内在能力素质。

③观：谨防以貌取人，避免"第一印象"偏差；坚持目的性、客观性、全面性的原则；充分发挥感观的综合效应和直觉效应，结合"听"和"观"的信息，综合准确地对被面试者做出评价。

④评：事先熟悉面试流程和面试内容，严格遵循事先设计好的评判方法和评价标准；面试过程认真仔细，收集记录被面试者面试过程中完整、准确和关键的信息，并与其他面试官充分讨论，综合评价；评价要客观，避免"晕轮效应""首因效应""刻板效应"和"类我效应"等主观因素的影响。

3. 评价中心技术

（1）评价中心技术的定义

评价中心技术是一种程序而不是一种具体的方法，是组织选拔管理人员时的一种人员评价过程，不是空间场所、地点。它的本质特征在于由多个评价人员，针对事先设定的评价目标和标准，使用多种人员测评方法，对被面试者的多种能力素质特征进行综合评价，可以运用在组织选拔、提升、鉴别、发展和训练个人等多种人力资源管理实践中。

（2）评价中心技术设计

①评价中心技术常用的评测方法：包括心理测验、公文处理、小组讨论、管理游戏、角色扮演等。此外，还有可能会用到面谈模拟、事实判断和书面案例分析等方法。

②评价中心技术设计程序：通过职位分析和职位说明书，提取所需要测评的能力素质特征，即确定测评目标和评价标准；分析所要测评的能力素质要素的特点，选择合适的测评方法；开发测评工具，并设计实施方案；实施测评。

③评价中心技术的应用。评价中心技术主要是高层管理人员的选拔与晋升的考核手段，除用于选拔考核外，还广泛用于素质开发、标准研究、职业规划、非传统（特

殊）管理评价等方面。

4. 其他测评方法与技术

（1）履历分析

（2）工作取样法

（3）事实判断

（4）演讲

（5）案例分析

（6）笔迹分析法

5. 各种评测方法与技术的评估

各种测评方法与技术各有优缺点，需要结合职位特点和所要评价的能力素质要素，综合使用各种方法，才能更好地对应聘者做出全面客观、准确公正的评价。在选择和应用合适的测评方法与技术时，有关人员可以从测评方法与技术的信度、效度、适用性和效用四个方面进行评价。

信度：是指某种测评技术测评结果的一致性、稳定性和可靠性。

效度：是指测评方法与技术能够准确测出所需要测量的能力素质的程度，即评价结果反映所想要考察内容的程度。

适用性：是指测评方法与技术的运用普遍性和合法性。

效用：是测评方法与技术在实践中应用的效果，包括投入与产出比的实用性和操作的便利性。

三、拓展阅读

（一）2023 年全球人力资源趋势报告：招聘领域的九大变革与前瞻

1. 技术驱动的招聘变革

随着人工智能和机器学习技术的不断进步，招聘领域正经历着深刻的变革。自动化简历筛选工具能够快速准确地筛选出符合职位要求的候选人，节省了大量人工筛选简历的时间和精力。智能匹配算法可以根据职位需求和候选人技能进行精准匹配，提高招聘的准确性和效率。此外，聊天机器人也在招聘中发挥着越来越大的作用，可以回答应聘者的常见问题、安排面试等，提供更加便捷的应聘体验。

技术应用也带来了一些挑战。数据隐私是一个重要的问题，企业在收集和使用应聘者个人信息时需要严格遵守相关法律法规，确保数据的安全和合规性。算法偏见也是一个需要注意的问题，企业需要采取措施避免算法在招聘过程中出现歧视和不公平现象。

2. 多元化与包容性招聘

多元化和包容性招聘已经成为企业人才战略的重要组成部分。拥有不同背景、性别、种族、年龄等的多元化人才可以为企业带来更广泛的思维和创新能力，增强组织的竞争优势。为了吸引和留住多元化人才，企业采取了一系列措施，包括制订多元化的招聘计划、建立包容性的企业文化、提供公平的晋升机会等。

此外，企业还积极与高校、职业培训机构等合作，推动多元化人才的培养和发展。这些合作项目可以帮助企业吸引更多来自不同背景的优秀人才，并为其提供更好的职业发展机会。

3. 远程招聘与灵活工作模式

如今，企业越来越重视应聘者的技能和适应能力，而非工作地点，这为远程工作者提供了更多的就业机会。远程招聘使得企业能够吸引全球范围内的优秀人才，不受地域限制。同时，灵活的工作安排也满足了员工对工作灵活性和生活质量的追求，提高了员工的满意度和忠诚度。

远程招聘也带来了沟通挑战和团队融入问题。企业需要建立有效的沟通机制和文化，以确保团队成员之间的顺畅沟通和协作。企业还需要制订相应的培训和发展计划，帮助远程员工快速融入团队，提高工作能力。

4. 可持续发展与绿色招聘

随着可持续发展理念的普及，企业在招聘过程中越来越注重应聘者对可持续发展的态度和价值观，吸引具有相同理念的应聘者。企业还关注在招聘过程中减少碳排放和资源消耗，推动绿色招聘实践的实施。例如，采用电子化招聘流程减少纸张使用、优化面试安排以减少候选人旅途奔波等。

5. 心理健康与员工关怀

心理健康问题逐渐受到企业的关注，并成为招聘过程中考虑的重要因素。企业在招聘过程中注重对应聘者心理健康状况的了解和关怀，并提供相应的支持和辅导。通过心理测试和面试中的心理评估环节，企业可以筛选出具有良好心理素质和适应能力的候选人。此外，企业还加强员工心理健康教育和辅导工作，建立积极的心理干预机制，以帮助员工应对工作压力和生活挑战。

6. 灵活福利与员工体验

企业越来越注重员工福利和员工体验，以提高员工的满意度和忠诚度。除了传统的福利制度外，企业还提供更加灵活的福利选择，如健康保险定制、年假调整、学习和发展机会等，这些福利制度旨在满足员工的不同需求和提高其工作生活品质。

7. 数据驱动的人才分析

随着大数据技术的不断发展，越来越多的企业开始利用数据分析来指导招聘决策。通过收集和分析招聘数据，企业可以更好地了解市场上的优秀人才分布、招聘渠道的效率、职位匹配度等方面的信息。这些数据可以帮助企业优化招聘流程、提高招聘质量并降低招聘成本。

为了实现数据驱动的招聘决策，企业需要建立完善的数据收集和分析体系。这包括收集应聘者的个人信息、技能、工作经历等数据，以及收集招聘渠道、面试评估、入职表现等方面的数据。通过数据分析，企业可以发现潜在的人才趋势和招聘问题，并制定相应的改进措施。

8. 强化雇主品牌建设

雇主品牌是指企业在人才市场上的声誉和形象，它对于吸引优秀人才具有重要作用。越来越多的企业意识到雇主品牌的重要性，并积极加强其品牌建设。通过打造具有吸引力的雇主品牌，企业可以吸引更多符合其价值观和文化的人才，提高招聘的质量和效率。

为了建立强大的雇主品牌，企业需要关注自身的形象塑造和品牌传播。这包括积极宣传企业文化、员工福利、社会责任等方面的信息，以及加强与候选人的互动和沟通。通过打造独特的雇主品牌形象，企业可以更好地吸引和留住优秀人才，提升自身的竞争力。

9. 注重候选人体验

候选人体验是指候选人在应聘过程中对企业的感受和评价。随着人才市场竞争的加剧，候选人体验已经成为企业招聘成功的关键因素之一。良好的候选人体验可以提高候选人对企业的好感度和忠诚度，增加其入职的概率和稳定性。

为了提升候选人体验，企业需要关注招聘流程的优化和候选人管理。这包括及时回复应聘者的疑问、提供清晰的招聘信息和面试安排、建立友好的应聘者社区等。通过关注候选人体验，企业可以提升自身的招聘效果和人才吸引力，为未来的发展奠定坚实的人才基础。

（二）人工智能在人力资源管理中的应用：招聘就业的新机遇

随着科技的快速发展，人工智能（artificial intelligence，AI）已经成为当今社会的热门话题。在众多领域中，AI 的应用已经产生了深远的影响。尤其在人力资源管理（human resources management，HRM）中，AI 的应用为招聘和就业带来了巨大的变革。本总结将重点探讨 AI 在人员招聘和就业服务中的应用，并分析其对社会和经济的影响。

1. AI 在人员招聘中的应用

传统的人员招聘过程往往涉及大量的简历筛选、面试安排和评估工作，这些都需要耗费大量的人力和时间。然而，AI 技术的引入大大简化了这一过程，提高了招聘效率，主要体现在以下四个方面：

一是自动化简历筛选。通过自然语言处理（natural language processing，NLP）技术，AI 能够快速分析简历内容，自动筛选出符合职位要求的候选人。这种自动化技术不仅提高了筛选速度，还减少了人为因素导致的误差。

二是智能面试。AI 驱动的智能面试系统可以进行初步的候选人筛选和评估。系统可以根据预设的标准和要求，自动评估候选人的回答，为面试官提供参考意见。这不仅节省了面试时间，还提高了面试的客观性和准确性。

三是社交媒体招聘。通过分析社交媒体平台上的公开数据，AI 能够帮助招聘者找到潜在的候选人，并对其技能、兴趣和职业背景进行评估。这种方法为企业提供了更广泛的候选人资源，降低了招聘成本。

四是人才推荐系统。除了简历筛选和面试评估，AI 还可以根据职位要求和候选人的技能、经验等个人信息，进行智能匹配和推荐。这有助于企业发现更多潜在的候选人，扩大人才库。

2. AI 在就业服务中的应用

就业服务旨在帮助求职者找到合适的工作，实现个人职业发展。AI 在就业服务中的应用为求职者提供了更多便利和个性化服务，主要体现在以下三个方面：

一是职业发展指导。AI 可以根据个人的兴趣、技能和职业需求，提供个性化的职业发展建议和指导。通过分析大量的职业数据和市场趋势，AI 可以为求职者提供更准确的职业规划。

二是技能培训与提升。随着技术的不断更新换代，职场对技能的要求也在不断变化。AI 可以根据行业需求和职业发展趋势，提供定制化的技能培训和提升课程。通过分析学习者的反馈和表现，AI 还可以优化培训内容和方式，提高学习效果。

三是就业匹配与推荐。AI 能够分析求职者的需求和偏好，以及企业的招聘需求和要求，进行智能匹配和推荐。这为求职者和企业提供了更高效的就业服务，降低了求职成本和招聘难度。

3. AI 在人力资源管理中的优势与挑战

（1）优势

一是提高效率和准确性。AI 能够快速处理大量数据，自动化执行重复性任务，减少人为错误和疏漏，提高人力资源管理的效率和准确性。

二是个性化服务。AI 可以根据个体的特点和需求，提供个性化的招聘、培训、发展等服务，更好地满足员工和求职者的需求。

三是降低成本。通过自动化和智能化的处理方式，AI 可以帮助企业节省人力资源管理的成本，提高经济效益。

（2）挑战

一是数据隐私保护。在使用 AI 进行招聘时，企业需要收集和处理大量个人信息，这可能引发数据隐私保护问题。企业需要确保合规操作，保护候选人的隐私权益。

二是算法偏见。如果用于训练 AI 的数据存在偏见或不公平因素，那么 AI 可能产生类似的偏见。企业需要确保数据的公正性和多样性，以避免算法偏见对招聘过程产生负面影响。

三是技术取代人类。随着 AI 技术的不断发展，一些人担心 AI 可能会取代人类在招聘中的角色。然而，AI 和人类应该协同工作，人类招聘者仍需在评估候选人的软技能、企业文化匹配度等方面发挥重要作用。

人工智能在人力资源管理中的应用给招聘工作带来了许多新的机遇和挑战。它革新了招聘流程，提升了就业服务水平，同时也对传统的人力资源管理模式提出了新的要求。为了更好地应对这些挑战和机遇，企业需要不断探索和创新，建立和谐的人机合作关系，充分发挥人工智能在人力资源管理中的潜力。未来随着技术的不断发展，AI 将在人力资源管理中发挥更大的作用。企业需要积极拥抱新技术，同时关注员工的成长和发展，实现人机协同、共同发展的人力资源管理新格局。同时政府和社会也需要关注 AI 在人力资源管理中的伦理和社会问题，制定相应的政策和规范，促进人工智能的可持续发展和应用。

四、思政专栏

【"德才兼备、以德为先"的人才选拔原则】

习近平总书记曾多次强调，选拔干部要坚持德才兼备、以德为先标准。这一重要论述突出了德在使用干部中的地位，为新时代选拔任用干部提出了明确要求。

党按照德才兼备、以德为先的原则选拔干部。这是我们党对干部选拔任用工作历史经验的科学总结，是新时期选人用人必须坚持的根本原则。深刻理解和始终坚持这一根本原则和标准，对于建设高素质执政骨干队伍，具有重要意义。

司马光在《资治通鉴》里专门写道："才者，德之资也；德者，才之帅也。"习近平总书记指出："人才培养一定是育人和育才相统一的过程，而育人是本。人无德不立，育人的根本在于立德，这是人才培养的辩证法。"德才兼备，方堪重用。

【树立正确的就业观】

以理性心态对待就业形势。学会如何从自身角度看待社会，看待别人，又如何从社会角度正确看待自己。不要过分地强调自我，调整好就业心态，就能在社会上找到合适自己的定位。打破一步到位、从一而终的就业观。

勇挑社会责任与担当。在某些条件相对艰苦的基层单位，实际上更容易发挥出自己的能力，更有利于长远发展。胸怀要大，眼光要远，在一个较长周期中考虑个人成长、社会价值和经济收益的平衡。

树立自主、自立、自强的观念。在征求亲属意见的基础上，保留自己自主选择职业的权利，根据自己的兴趣和优势选择适合自己的职业。就业观的形成应以自身的兴趣和梦想为导向，而不是盲目跟风或受到外界舆论的牵引。找到适合自己的职业才能真正实现个人的价值和自我实现。

五、实战演练

【实战演练一】

A公司从去年年底到今年六月份已经开展了两次校园招聘会，招聘期快要结束时，人力资源部赵经理提出进行第三次校园招聘的请示，他愁眉苦脸地说："前两次人力资源部去招聘，收的简历本来就不多，通过面试的很少，而且最终的录用方案需要用人部门主管决定，所以录用名单是回公司后确定的。由于入校招聘与发放录用通知书之间的时间间隔过长，结果不少应聘者的资料缺失，联系方式不明确，发的录用通知书都没有回音了，打电话也联系不上，万一他们不会来报到，那可怎么办呢？所以只能选择一些没有去过的院校，再进行一次校园招聘了。"王总经理问："再去招聘，时间是否还来得及？这次校园招聘还会不会遇到同样的问题？你有没有解决的方法呢？"这三个问题让赵经理愣住了。

根据以上材料，回答下列问题：

1. 与其他招聘来源相比，在校学生的特点是_____。

    A. 具有丰富的社会经验   B. 容易被塑造和培养

    C. 具有熟练的岗位技能   D. 较为稳重和可靠

2. 在前两次校园招聘中，A 公司人力资源部存在的问题是_____。

    A. 面试管理不成功

    B. 没有采用招聘金字塔模型进行招聘规模管理

    C. 没有选择招聘渠道

    D. 没有对招聘时间进行管理

3. 为了避免校园招聘中再次遇到类似前两次的情况，人力资源部的正确做法是_____。

    A. 建立详细的应聘人员信息库

    B. 分析影响大学生报到的因素

    C. 减少发放录用通知书的比例

    D. 缩短面试与发放录用通知的时间间隔

4. 在进行录用决策时，人力资源部恰当的做法是_____。

    A. 无须征求用人部门主管的意见，直接作出现场录用决策

    B. 将所有招聘与录用资料存档，以备查询

    C. 尊重用人部门的意见，让用人部门参与面试活动

    D. 关注那些被拒绝的应聘者的情况

【实战演练二】

A 公司的业务发展正处于蒸蒸日上的时期，但是最近老总很苦恼。公司 1 名骨干、2 名经理跳槽离开公司，为尽快填补该职位空缺，是选择通过对外招聘给这个职位着陆一个"降兵"，还是通过公司内部选拔来填补这个空白呢？随后，老总决定把这个任务交给该公司人力资源部经理具体负责。

根据以上资料，回答下列问题：

1. 如果 A 公司决定采取外部招聘的方式，那么外部招聘的弊端主要有_____。

    A. 打击组织内部员工的积极性

    B. 新员工需要较长时间熟悉适应

    C. 新员工可能不认同组织的价值观和文化

    D. 缩小了候选人的选择范围

2. 如果决定采取内部招聘的方法，那么内部招聘的优点有_____。

    A. 鼓舞士气，激励现有员工进取心   B. 应聘者能很快适应工作

    C. 人才现成，节省培训投资   D. 选择余地大

3. 外部招聘的主要渠道有＿＿＿＿。

    A. 社会招聘   B. 外部推荐

    C. 校园招聘   D. 人才招聘会

4. 该公司最终成功招聘到一位合适的产品经理，并签订了 3 年劳动合同，则该产品经理的试用期不得超过＿＿＿＿个月。

    A. 3   B. 4

    C. 5   D. 6

六、技能训练

（一）单项选择题

1. 人员招聘的直接目标是＿＿＿＿。

    A. 招聘到精英人员   B. 获得组织所需要的人

    C. 提高单位影响力   D. 增加人力资源的储备

2. 在招聘过程中，＿＿＿＿环节主要用于评估应聘者的专业技能和知识水平。

    A. 简历筛选   B. 面试

    C. 笔试   D. 背景调查

3. 企业通过校园招聘的主要目的是＿＿＿＿。

    A. 提升企业知名度   B. 招聘实习生

    C. 招聘基层员工   D. 招聘应届毕业生

4. 下列选项中，＿＿＿＿招聘方法更适合招聘高级管理人员。

    A. 校园招聘   B. 猎头公司

    C. 职业介绍所   D. 网络招聘

5. ＿＿＿＿面试形式更注重应聘者的应变能力和沟通技巧。

    A. 结构化面试   B. 非结构化面试

    C. 压力面试   D. 行为面试

6. 下列选项中，＿＿＿＿不是选择外部招聘渠道的基本因素。

    A. 招聘费用   B. 市场状况

    C. 需要的人才类型   D. 提供免费午餐

7. 下列选项中，＿＿＿＿是内部招聘的优势。

    A. 提高员工的满意度和工作积极性   B. 节省招聘成本

    C. 提高企业的知名度   D. 增加企业的创新能力

8. 下列选项中，＿＿＿＿不是招聘流程中的关键环节。

    A. 职位分析   B. 发布招聘信息

    C. 筛选简历   D. 解雇员工

9. 关于面试提问技巧，下列选项中，"_____"提问方式最适合了解候选人的领导能力。

    A. 请描述一个你曾经带领的团队项目

    B. 请描述一个你曾经参与过的团队合作

    C. 你如何处理工作中的冲突

    D. 你对未来三到五年的职业规划是什么

10. 下列选项中，_____不是招聘的主要目的。

    A. 填补组织的人力需求　　　　B. 确保组织文化的传承

    C. 扩大组织的知名度　　　　　D. 提高员工的整体素质

（二）多项选择题

1. 招聘计划通常包括_____内容。

    A. 招聘人数　　　　　　　　　B. 招聘预算

    C. 招聘时间　　　　　　　　　D. 招聘渠道

    E. 招聘流程

2. 在招聘过程中，_____步骤通常用于核实应聘者的信息和评估其适应性。

    A. 面试　　　　　　　　　　　B. 背景调查

    C. 心理测试　　　　　　　　　D. 试用期评估

    E. 性格评估

3. 影响招聘活动的个人因素包括_____。

    A. 求职强度　　　　　　　　　B. 择业动机

    C. 个性特征　　　　　　　　　D. 教育程度

    E. 评价经验

4. _____是招聘员工的意义。

    A. 增加公司的知名度和形象　　B. 提高员工的生产力和效率

    C. 降低员工流失率和招聘成本　D. 促进员工的职业发展和晋升机会

    E. 提升公司的创新能力和市场竞争力

5. 在筛选简历时，_____信息是重要的参考依据。

    A. 学历背景　　　　　　　　　B. 工作经历

    C. 技能和项目经验　　　　　　D. 兴趣爱好

    E. 薪资要求

（三）判断题

1. 简历筛选是招聘过程中评估应聘者职业能力和素质的唯一方法。　　（　　）

2. 技能测试通常用于评估应聘者的专业能力和实操经验。　　（　　）

3. 在线招聘只包括在招聘网站上发布职位，不包括在社交媒体上进行招聘。

（　　）

4. 与外部招聘相比，内部招聘的优点是，可以了解候选人的工作表现和背景。

（　　）

5. 试用期评估是在应聘者正式入职后进行的，因此不属于招聘过程的一部分。

（　　）

6. 招聘策略的选择主要取决于招聘经费，而不受市场条件的影响。　（　　）

7. 在招聘过程中，参考咨询是向应聘者的前雇主或同事了解其工作表现和个人品质的重要环节。　　　　　　　　　　　　　　　　　　　　　　　　　（　　）

8. 招聘高级管理人员时，学历通常不是最重要的考虑因素。　　（　　）

9. 企业在招聘过程中应该只使用一种评估方法来评估应聘者的职业能力和素质，以确保评估的准确性和一致性。　　　　　　　　　　　　　　　　　　（　　）

10. 招聘过程中的评估方法应该根据招聘岗位的要求和企业的需求来灵活选择和运用。　　　　　　　　　　　　　　　　　　　　　　　　　　　　　（　　）

（四）名词解释

1. 人员招聘
2. 招聘活动效率评估
3. 结构化面试
4. 履历分析
5. 效度

（五）简答题

1. 简述人员招聘的作用。
2. 简述人员招聘的流程。
3. 简述影响人员招聘的因素。
4. 简述人员招募的渠道。
5. 简述评价中心技术常用的测评方法。

（六）论述题

1. 试述企业在人才招聘中，如何平衡内部招聘和外部招聘？你认为哪种方式更有优势，请说明理由。
2. 试述企业在招聘过程中，如何有效评估应聘者的职业能力和素质？

（七）案例分析题

A 公司是一家电子产品生产型企业，由国内知名企业家创办，已有 15 年的历史。随着科技的快速发展和消费者对智能产品需求的不断增加，A 公司的业务范围逐渐扩大，尤其在智能家居领域取得了显著的市场地位，与多家国际知名企业建立了合作关系，订单量持续上升。

为了适应市场的快速发展和满足不断增长的业务需求，A公司决定扩大生产规模，提升产品质量，并计划引进一批新的技术人才和管理人才。于是人力资源部的李经理向刘总提出了招聘的要求，这一建议立即得到刘总的支持。

此次招聘的岗位包括电子工程师、产品经理、生产经理等关键职位。李经理认为，为了保持公司的竞争优势并实现长期发展，首先需要招聘一些知识层次较高、工作经验丰富、能力素质都很强的人，其次还要招聘一批年轻的、具有潜力的人才，为公司未来的人力资源做好储备。于是他们选择了职业介绍机构网络招聘的方式去选择高层次优秀人才，另外他们还通过在国内重点高校举行校园招聘选拔年轻有为的储备人才。在人员招聘的过程中，A公司都是按照基本流程进行的，他们采用了如下的基本流程：第一，对空缺岗位进行职业分析，确定职位人员应具备的资格条件等。第二，制订人员招聘计划，拟定企业人员补充政策后，将企业所需招聘人员的数量和结构具体化。第三，拟定招聘简章，发布招聘信息。第四，收集与筛选简历，人力资源部门和用人单位对通过各种渠道收集到的应聘简历进行初步筛选，通知合格者面试。第五，笔试、面试和评价，人力资源部门组织各部门主管组成面试小组进行面试工作。第六，人员录用，对符合岗位要求并通过人员测评的应聘者通知录用。

招聘后，新员工的试用效果并不尽如人意。许多刚刚应聘的人员提出了换岗或者干脆主动放弃该工作机会。从猎头公司推荐来的高层管理人员和技术人员与之前想象中的差别很大，并不能及时改变公司的现状。人力资源部的李经理对此困惑不已。通过猎头公司招进来的员工共六个，基本上都有两年以上设计服装的工作经验，从学历看，其中有三个博士，两个硕士，一个本科生，他们都被安排在了新产品设计各个岗位中，公司提供的薪水不低，工作环境比较理想。通过其他渠道招聘到的人员都已经安排就职，大多都是基层岗位，各方面的条件也比较好。一段时间后，问题接二连三地出现了，招进来的高端人才有些觉得自己具备良好的专业背景，并且拥有相关的工作经验，自身的能力已经超过了该岗位对员工的技能要求，他们认为工作没有激情，得不到成就感。有些人却因为能力有限经常完不成规定的业务量，还有些员工抱怨说与之前说好的工作要求不符。一批刚招进来的大学生也因为自己的才能得不到施展已经有提出辞职的想法了，各部门也开始向人力资源部门反映此次招聘的人才很多都没有达到预期的要求。人力资源部门李经理陷入了沉思，开始反思此次招聘的问题。

问题：

1. A公司在招聘流程中，哪些环节存在问题，导致新招员工与岗位匹配度不高？

2. 如何评估招聘流程的效果，以确保招聘到的人才真正符合公司的需求？

3. A公司的李经理应如何改进和优化现有的招聘流程来提升新雇员的工作效率和留在公司的可能性？

七、参考答案及解析

第五章

培训与开发

一、学习目标

（一）知识目标

1. 识记人力资源管理培训与开发的基本概念、目的和作用。这包括对培训与开发的定义、重要性以及它在组织中所扮演的角色的理解和记忆。

2. 明确不同类型的培训和开发方法及其适用情况。这意味着能够详细描述和区分在职培训、远程培训、模拟训练、研讨会等多种培训方式，并能针对特定的人力资源需求选择恰当的方法。

（二）能力目标

1. 能判定培训与开发活动的效果。这包括能够评估培训活动是否达到了预期目标，是否提高了员工的工作技能和绩效，并能够使用反馈和评估工具（如调查问卷、绩效评估等）来进行判断。

2. 能根据组织的战略目标和员工的个人发展需求制订培训计划。能够分析组织的短期和长期目标，识别员工的技能差距和发展潜力，并据此设计出既符合组织需求又能促进员工个人成长的培训计划。

（三）素质目标

1. 引导学生养成终身学习的习惯，对新知识、新技术不断追求。
2. 勇于尝试新方法、新技术，培养创新思维和变革精神。

（一）培训与开发概述

1. 培训与开发的基本概念

（1）培训与开发的概念

培训与开发是指企业通过有计划的学习和训练手段，使员工掌握当前或未来工作所需的知识、技能，改善工作态度与行为，最终实现个人绩效提升与组织战略目标协同发展的连续性过程。

（2）培训与开发的意义

对组织的意义：提升组织竞争力，吸引和保留人才，促进组织文化传播。

对个人的意义：提升个人职业能力，增强个人职业竞争力，促进个人职业发展。

（3）培训与开发的原则

①战略导向原则

②因材施教原则

③学以致用原则

④激励原则

（4）培训管理过程模型

培训管理过程模型：培训管理过程模型是培训管理的方法论。包括培训需求分析、计划制订、实施执行、效果评估等环节。

培训管理过程模型构成：

培训需求分析：确定培训目标和需求。

计划制订：设计培训课程和活动。

实施执行：开展培训活动。

效果评估：评估培训效果和反馈。

2. 培训相关基础理论

（1）学习理论

行为主义学习理论：学习是刺激（S）与反应（R）之间建立联结的过程，通过强化（如奖励/惩罚）形成习惯。

认知主义学习理论：学习是学习者主动加工信息、重组认知结构的过程，强调内部心理活动（如记忆、思维）对学习的主导作用。

建构主义学习理论：学习是学习者基于已有经验主动建构知识意义的过程，依赖社会互动与情境化实践。

成人学习理论：成人学习理论是研究成人学习心理机制、过程及效果的教育理论，强调成人学习者的独特性（如自主性、经验导向、实用性需求），与儿童教育学形成对比。其核心在于"以学习者为中心"，关注成人如何通过自我驱动和经验转化实现知识建构与能力提升。

（2）学习迁移相关理论

同因素理论：是心理学中解释学习迁移的核心理论之一，由爱德华·桑代克（Edward L. Thorndike）与罗伯特·伍德沃斯（Robert S. Woodworth）于 20 世纪初提出。其核心观点认为：学习迁移的成效取决于培训环境与工作环境在任务、材料、设备等要素上的相似性。只有当两种情境具有共同的"刺激-反应联结"（S-R 联结）时，迁移才可能发生。

激励推广理论：激励推广理论是一种动机理论，聚焦于个体在目标实现过程中受激励因素驱动的行为模式，强调通过外部奖励（物质、社会认可）与内部动机（成就感、自我认同）提升个体参与度与绩效。

认知转换理论：指个体因新旧经验冲突引发认知失衡，通过调整知识结构实现认知系统重构的过程。

（3）培训效果评估模型

柯氏评估模型：由国际著名学者、威斯康星大学教授柯克帕特里克于 1959 年提出，是世界上应用最广泛的培训评估工具，主要包括四个层次，依次为反应评估、学习评估行为评估以及结果评估。其中，反应层次的评估重点是学员满意度，学习层次的评估重点是学到的知识、技能、态度等，行为层次的评估重点是工作行为的改进，结果层次的评估重点是通过培训获得的收益。

考夫曼评估模型：由罗杰·考夫曼（Roger Kaufman）于 1996 年提出，是对柯氏评估模型的扩展与修正，旨在通过五层递进式评估框架，系统分析培训项目对组织内部效能及外部社会环境的综合影响。其核心特点包括两个方面。前置资源评估：强调培训前组织资源（如预算、技术、师资）的匹配度与可行性，确保执行基础稳固。社会效益延伸：突破单一组织视角，评估培训成果对客户满意度、行业规范或公共利益的溢出效应。

3. 培训的类型和方法

（1）培训的类型

根据培训内容可划分为：知识性培训、技能性培训、态度性培训和综合类培训。

根据培训对象的不同可划分为：新员工培训、在职员工培训、管理层培训和职位专项培训。

（2）培训的方法

直接传授法：是一种以单向信息传递为核心的培训方法，核心特点是讲师主动输出知识，学员被动接受，适用于需要高效传递系统化理论或专业知识的场景。

实践培训法：是指通过让学员在实际工作环境或模拟场景中亲身操作、体验，从而掌握岗位所需知识、技能的培训方法。其核心在于"学中做、做中学"，强调理论与实践的直接结合，适用于技能操作类、管理实务类等需强化实际应用的培训场景。

参与式培训法：是一种以学员为核心、通过主动参与和互动实践实现知识技能习得的培训方法。其核心在于打破传统"单向传授"模式，强调培训者与学员、学员与学员之间的平等协作，借助讨论、模拟、实操等活动激发学员的自主性与创造力，促进知识的内化与行为的改进。

互联网时代新型培训法：是指依托云计算、人工智能、移动互联网等技术，构建线上线下一体化培训体系的方法，强调灵活学习路径、实时互动与数据驱动，突破传统培训的时空限制，满足个性化与规模化双重需求。

（3）培训方法的选择

①确定培训目标和需求

分析培训需求：通过问卷调查、面谈、观察等方式，了解员工在知识、技能、态度等方面的现有水平与目标水平之间的差距。

设定具体目标：根据需求分析结果，设定明确、具体、可衡量的培训目标，确保培训内容与目标紧密相关。

②了解培训对象

员工背景：考虑员工的年龄、学历、工作经验等背景信息，选择适合其认知水平和接受能力的培训方法。

学习风格：了解员工的学习偏好，如视觉型、听觉型、动手型等，以便选择与之相匹配的培训方式。

③评估培训资源

时间资源：考虑员工可用的学习时间，选择与之相适应的培训时长和频率。

资金预算：评估培训所需的成本，包括场地租赁、教材费用、讲师费用等，确保在预算范围内选择最合适的培训方法。

技术条件：评估企业现有的技术设备和网络环境，以便选择合适的线上或线下培训方式。

④选择培训方法

传统讲授法：适用于理论知识传授，通过讲师的讲解和演示，帮助员工理解并掌握新知识。

小组讨论法：鼓励员工分组讨论，促进思维碰撞和经验分享，提高解决问题的能力。

角色扮演法：通过模拟实际工作场景，让员工扮演不同角色，提高实际操作能力和应对复杂情况的能力。

案例分析法：选取典型工作案例进行分析，引导员工思考并找出解决方案，提升问题解决能力和创新思维。

在线学习法：利用网络平台进行自主学习，提供灵活的学习时间和个性化的学习路径。

实践操作法：通过动手操作、模拟演练等方式，让员工在实践中掌握技能，提高实际操作能力。

（二）培训管理过程

1. 培训需求分析

（1）培训需求分析的定义

培训需求分析指在规划与设计培训活动前，由培训部门、管理者及员工等主体，采用科学方法与技术（如绩效差距分析、胜任力模型等），系统化鉴别组织、团队及个人的目标、知识、技能现状与理想状态的差距，从而确定培训必要性、具体内容及优先级的过程。

（2）培训需求分析的内容

①组织分析

组织分析主要考察组织的战略方向、目标、资源、文化以及所处的环境等因素。这一步骤的关键在于理解组织的长远规划和当前面临的挑战，以及这些因素如何影响培训需求。例如，一个组织若计划进入新市场，可能需要培训员工掌握新的语言技能或了解新市场的文化。

②人员分析

人员分析关注的是员工个人的能力、绩效、态度和职业发展需求。组织通过分析员工当前的能力水平与其所在职位的要求之间的差距，可以确定哪些员工需要接受培训，以及他们需要接受何种类型的培训。此外，还要考虑到员工的职业发展路径和个人兴趣，以设计更具吸引力的培训方案。

③任务分析

任务分析旨在明确完成某项工作所需的具体知识、技能和态度。这通常涉及对工作流程、工具和技术的深入分析，以确定哪些方面的培训对于提高工作绩效至关重要。任务分析的结果可以指导培训内容的开发，确保培训课程紧密贴合实际工作需求。

（3）培训需求分析的方法

培训需求分析的方法主要包括问卷调查法、访谈法、观察法、绩效分析法、工作任务分析法、关键事件法、集体讨论法、档案分析法、自我分析法等方法。

2. 培训计划的制订与实施

（1）培训计划的制订

①明确培训目标

②明确参训人员

③设计培训内容

④确定培训者

⑤选定培训时间、地点和方法

（2）培训计划的实施

①培训前的准备工作

②培训开始前的介绍工作

③培训过程的推进

④培训过程中的沟通与协调

⑤培训实施的后续工作

3. 培训迁移

（1）培训迁移的含义

培训迁移是指受训员工将培训所学知识、技能有效地、持续地运用于工作之中。培训迁移不仅要求员工将所学内容应用到工作中，还要求所学内容能够保持一定的时间。

（2）培训迁移模型

培训迁移模型是用于描述员工将培训所学转化为实际工作行为的过程及影响因素。

（3）促进培训迁移的有效措施

①激发受训者的培训动机

②营造良好的培训迁移氛围

③完善培训迁移设计

4. 培训效果评估

（1）培训效果评估概述

培训效果评估是对培训活动的效果进行量化或定性的评估，以确定培训是否达到预期目标，以及受训者在培训后的行为改变和绩效提升情况。

（2）培训效果评估流程

①明确评估目的

②确定评估标准

③设计评估方案

④实施培训效果评估

⑤评估结果反馈

（3）培训效果评估判断标准

①标准相关度

②信度

③区分度

（三）职业生涯规划与管理

1. 职业生涯规划与管理概述

（1）职业生涯的概念

职业生涯是指一个人一生所有与职业相连的行为与活动以及相关的态度、价值观、愿望等连续性经历的过程。它也是一个人一生中职业、职位的变迁及职业目标的实现过程。简单地说，一个人职业发展的状态、过程及结果构成了个人的职业生涯。

（2）职业生涯规划与管理的意义

①职业生涯规划与管理对员工的意义：有助于员工实现职业目标和理想，提升工作成效和职业发展。

②职业生涯规划与管理对组织的意义：有助于组织实现人力资源合理配置、提高组织绩效和竞争力、增强组织凝聚力和员工满意度以及促进组织文化建设。

（3）影响职业生涯的因素

①个人因素：性格、能力、价值观、兴趣爱好、教育背景。

②环境因素：地理环境、行业环境、企业内部环境。

③家庭因素：成长环境、父母职业、家庭期望。

④社会因素：就业形势、行业发展趋势、社会文化环境。

2. 职业生涯基础理论

（1）职业选择理论

①帕森斯的特质-因素理论

特质-因素理论的核心在于强调个人的特性（特质）与职业所要求的素质或技能（因素）之间的协调和匹配。这种匹配被视为职业选择和职业成功的关键。

②霍兰德的职业性向理论

霍兰德的职业性向理论指出，人的性格是决定其职业选择的重要因素。他认为，人的职业性向，即人的性格与职业类型的匹配，是职业选择的重要依据。通过了解自己的性格性向，个体可以更准确地选择适合自己的职业，从而提高工作满意度和职业成就感。

③施恩的职业锚理论

职业锚理论强调个人在职业生涯中的核心价值和驱动力，即"职业锚"。它是指当一个人在面对职业选择时，无论如何都不会放弃的那种至关重要的东西或价值观，是个人自我概念的一部分，由个人的实际工作经验决定，并与个人的动机、价值观、才干相符合。

④弗鲁姆的择业动机理论

弗鲁姆的择业动机理论基于期望理论，认为人的择业动机是由个体对职业价值的评价和获得该职业可能性的期望共同决定的。这一理论强调个体在职业选择过程中的主观评价和期望对择业动机的影响。

（2）职业发展阶段理论

①萨柏的职业生涯发展理论

萨柏的职业生涯发展理论是一种纵向职业指导理论，它关注个体的职业倾向和职业选择过程，旨在帮助个体更好地理解自己的职业生涯路径，并做出明智的职业决策。该理论不仅关注个体的职业发展阶段，还强调了自我概念、角色理论和适应性理论在职业生涯中的重要性。

②格林豪斯的职业生涯发展理论

格林豪斯的职业生涯发展理论强调个体在职业生涯中的阶段性发展，每个阶段都有其独有的特征和需要完成的任务。这些任务和挑战与个体的年龄、生理发展、心理发展以及社会环境等因素密切相关。通过了解自己所处的职业生涯阶段，个体可以更好地规划职业发展路径和实现个人目标。

3. 职业生涯规划

（1）职业生涯规划的原则

①可行性原则

②挑战性原则

③全程性原则

④可变性原则

⑤可评量原则

（2）职业生涯规划的步骤

①自我剖析

②机会评估

③目标制定

④路径选择

⑤行动实施

⑥评估调整

4.职业生涯管理

（1）分阶段的职业生涯管理

①职业生涯早期管理阶段

职业生涯早期阶段是指一个人由学校进入组织，并在组织内逐步被接纳和"组织化"的过程。这一阶段通常发生在20~35岁，也可能因个体差异而有所不同。在这个阶段，个体需要完成从学生到雇员的角色转变，适应职场环境，建立职业认同，并为自己未来的职业发展奠定基础。

②职业生涯中期管理阶段

职业生涯中期阶段是指个体在职业生涯中达到相对稳定和成熟的时期，也是一个既可能获得职业生涯成功又可能出现危机的阶段。这一阶段通常从参加工作后的数年至50岁左右，时间长且富于变化。

③职业生涯后期管理阶段

职业生涯后期阶段是指个体接近退休年龄，职业生涯即将结束的时期。这一阶段通常发生在50~60岁，也可能因个体差异而有所不同。

（2）职业生涯管理的方法

①开展各类职业生涯管理活动

②制定职业生涯管理相关制度

（3）职业生涯发展通道

职业生涯发展通道可分为纵向模式职业通道、横向模式职业通道、网状模式职业通道、多重模式职业通道。

三、拓展阅读

（一）CBET 模型与企业培训[1][2]

1. CBET 模型

能力本位教育培训模型（competency-based education and training，CBET）是一种

---

① 姜贵红.基于 CBET 模型的培训与开发"124"混合教学模式构建与实施 [J].科学咨询，2023，22（11）：111-113.

② 易雪媛，张沁兰.基于 CBET 模型的高校图书馆馆员过程培训体系 [J].大学教育，2022（2）：175-177，185.

以学习者能力发展为核心的教育培训模式。它强调通过实践和经验学习来发展个人的知识、技能和态度，以满足特定职业或行业的需求。CBET模型与传统的基于时间的教育模式不同，后者更多侧重于完成规定的课程内容和学时，CBET模型更加灵活，允许学习者根据自己的进度来学习，直到他们达到了既定的能力标准。

2. CBET的核心特征

能力为中心：CBET的核心在于确定并满足特定职业角色所需的能力，这些能力包括知识、技能和态度。

学习者为中心：CBET模型鼓励以学习者的需求为中心，允许他们以自己的节奏进行学习。

结果导向：教育培训的成功标准是学习者能否达到预定的能力标准，而不仅仅是完成课程。

灵活性：CBET模型提供了多种学习路径，包括在职培训、远程学习和自学等，以适应不同学习者的需求。

实践导向：通过实际操作和实习，学习者可以在真实或模拟的工作环境中应用他们的知识和技能。

3. CBET的实施步骤

确定能力标准：与行业专家合作，明确特定职业所需的核心能力。

设计课程：根据确定的能力标准设计课程和评估方法。

实施教学：采用灵活的教学方法，包括面对面教学、在线学习和工作场所学习等。

评估与认证：通过实践考核和能力评估来验证学习者是否达到了既定的能力标准。

持续改进：根据反馈和行业变化，定期更新能力标准和课程内容。

4. CBET与企业培训开发的结合

CBET模型强调以能力为导向，通过实践学习来提升个人的知识、技能和态度，这与企业培训的目标高度契合。企业可以根据自身的业务需求和战略目标，定制化开发能力本位的培训计划，从而提升员工的工作绩效和企业的整体竞争力。

（1）定制化能力框架

企业可以开发一套符合自身业务需求的能力框架，明确不同岗位员工所需掌握的核心能力。这些能力不仅包括专业技能，还包括沟通、团队合作、解决问题等通用能力。

（2）灵活的学习途径

CBET模型支持多种学习方式，包括线上学习、面授课程、工作坊、模拟训练等，这为企业提供了灵活的培训选项。员工可以根据自己的学习习惯和工作安排，选择最适合自己的学习路径。

（3）实践和反馈

CBET模型鼓励通过实际操作和项目工作来学习，这有助于员工将理论知识应用于实际工作中。同时，通过持续的反馈和评估，员工可以及时了解自己的学习进展和提升空间。

5. CBET在企业培训开发中的优势

增强培训效果：通过有针对性的能力培训，员工可以更快地掌握所需技能，提升工作绩效。

增强员工参与度：灵活的学习方式和实践学习的机会能够提高员工的学习兴趣和参与度。

促进个人和组织成长：CBET不仅有助于员工个人能力的提升，也支持企业文化的建设和组织战略目标的实现。

适应性强：CBET模型能够适应不断变化的市场和技术环境，帮助企业及时更新和调整培训内容，保持竞争力。

（二）OBE理念与职业生涯规划[1][2]

基于结果的教育（outcome-based education，OBE）是一种教育理念和实践，其核心在于以学习结果为中心，强调教育的最终成果而不仅仅是教学过程。这种方法强调明确的学习成果，这些成果预先定义并且在课程结束时进行评估。学生的评价基于他们是否达到了这些预定的学习成果。

1. OBE的核心理念

OBE的核心理念是围绕预定的学习成果来设计和实施教育活动。这些学习成果不仅限于学术知识的掌握，还包括关键技能和个人态度的发展，如批判性思维、团队合作、自我管理等。OBE鼓励教育工作者从学生将要达到的目标出发，反向设计课程内容和教学方法。

2. OBE的实施策略

实施OBE需要教育工作者对教学内容、方法和评估方式进行全面的调整。首先，需要明确定义课程或项目的学习成果，并确保这些成果具有可衡量性，以便于评估学生的学习进展。其次，教学活动和材料需要围绕这些预定成果进行设计，确保学生在学习过程中有机会掌握必要的知识和技能。最后，评估方法也需要与学习成果相匹配，通过多样化的评估工具来全面了解学生的学习情况。

3. OBE的优缺点

尽管OBE提供了一种以学生为中心的教育模式，更加注重学生的全面发展和应用能力的培养，但其实施过程也面临着不少挑战。例如，明确一致地定义学习成果需要大量的时间和精力，而且这些成果必须适应不同学生的学习需求和背景。此外，教育工作者需要不断地调整教学方法和评估工具，以适应基于成果的教育模式，这对于教师的专业发展提出了更高的要求。

然而，OBE也为教育改革带来了重要的机遇。通过聚焦于学习成果，教育活动更加目标明确，有助于提高教学效率和学习效果。学生通过积极参与到以成果为导向的学习过程中，能够更好地理解自己的学习目标，从而提高学习动机和自我管理能力。同时，OBE的实施有助于培养学生的终身学习能力，为他们未来的职业生涯和个人发

---

① 洪娟. OBE理念下大学生职业生涯规划项目化发展的实践进路［J］. 吉林广播电视大学学报，2023（4）：124-126.

② 曹凤萍，王德利，李晨，等. 汽车类专业人才产教融合+OBE理念培养实践：以《汽车电气设备》为例［J］. 内燃机与配件，2024（2）：119-121.

展打下坚实的基础。

4. OBE 理念与职业生涯规划的联系

OBE 理念通过明确的学习成果来引导教育过程，这些成果不仅包括学术知识的掌握，还涵盖了关键技能和个人态度的发展，如批判性思维、沟通能力、团队合作和创新能力等。这些技能和态度对于学生未来的职业生涯至关重要，能够帮助他们适应不断变化的职场环境并实现较好的发展。

职业生涯规划不再仅仅是选择一份工作或职业路径，而是一个持续的自我发展过程，需要个人对自己的兴趣、能力和价值观有深入的了解，并能够根据社会和经济环境的变化做出相应的调整。OBE 理念通过提供一个以学习成果为中心的教育模式，帮助学生建立起自我认识和自我调整的能力。

5. 利用 OBE 理念促进职业生涯规划

明确的学习成果与职业技能对接：教育机构在设计课程和项目时，可以与行业专家合作，确保学习成果与市场需求和未来职业技能要求相匹配。这样不仅能够提高教育的实用性和针对性，还能够帮助学生更好地了解自己的职业兴趣和发展方向。

培养终身学习能力：在 OBE 模式下，学生被鼓励主动探索和学习，培养自我学习和自我管理的能力。这种终身学习的态度对于职业生涯规划至关重要，能够帮助个人在职业生涯中不断适应新环境、掌握新技能。

强化软技能的培养：OBE 强调的不仅是专业知识的学习，更重要的是软技能的培养，如沟通、团队合作、领导力等。这些软技能在职业生涯中发挥着越来越重要的作用，是个人在职场上脱颖而出的关键。

提供实践和实习机会：通过与企业和行业的合作，教育机构可以为学生提供实践和实习的机会，让学生在真实的工作环境中应用所学知识和技能，增强职业适应性和竞争力。

四、思政专栏

【牢固树立终身学习理念】

终身学习是指社会成员为适应社会发展和实现个体发展的需要，贯穿人的一生的、持续的学习过程。中国古代圣贤对这一理念早有深切关照和精准阐释。我们耳熟能详的"吾生也有涯，而知也无涯"（《庄子·养生主》）、"学不可以已"（《荀子·劝学》），体现出对学习持续性的深刻认知。孔子把学习视作毕生追求，直截了当宣布"学而不已，阖棺乃止"（《韩诗外传》）。西汉大家刘向主张的"少而好学，如日出之阳；壮而好学，如日中之光；老而好学，如炳烛之明。"（《说苑·建本》），积极倡导学习贯穿一生，富含终身学习的意蕴。

中国共产党是一个重视学习、善于学习的政党，历来重视抓全党特别是领导干部的学习。习近平总书记深刻指出："中国共产党人依靠学习走到今天，也必然要依靠学习走向未来。"回顾党的百年奋斗历程，我们始终坚持通过学习提高本领、适应变化、掌握主动，开创事业发展新局面。每名党员理应牢固树立终身学习理念，把学习作为毕生追求融入精神血脉。

学习要有坚定的态度。学习绝不是可有可无，而是必须必学。古人讲的治学"三上"，即马上、枕上、厕上，非常值得我们借鉴。要勤学苦学，抛开功利，摒弃浮躁，发扬挤劲、钻劲、韧劲，花大气力、下苦功夫，不能遇难而退，更不能投机取巧。

学习要有科学的方法。读书要用"巧力"，读得巧，读得实，读得深，懂得取舍，注重思考，不做书呆子，不让有害信息填充我们的头脑。要坚决反对读死书，做到"博学之，审问之，慎思之，明辨之，笃行之"，在爱读书、勤读书、善读书中提高思想水平、解决实际问题、实现自我发展。

学习要有勤勉的作风。"嚼得菜根，百事可做。"刻苦俭朴的生活能锻炼人的意志，培养不畏艰苦、勇往直前的精神。要发扬"悬梁刺股""程门立雪"的精气神，一日不学则食之无味、睡不安寝。

学习要有质疑的精神。怀疑是人类理性思维的表现，是发现缺陷、谬误，寻找真相的必经之路，人类文明的每一次进步都是从怀疑开始的。学习要有大胆怀疑和寻根究底的勇气，注重书本知识，但又不迷信、不盲从、不照搬，始终坚持独立思考。

要养成主动学习的习惯。把学习作为迫切需要和愿望，坚持不懈地进行自主学习、自我评价、自我监督，必要的时候进行适当的自我调节，使学习效率更高、效果更好。对学习保持如饥似渴的心态，视学习为压倒一切的"第一要务"。

要养成不断探索的习惯。对新生事物未知领域保持开放的心态和热情，乐于学习和探索，积极弥补自身在知识或技能方面的空缺。无论在哪个年龄、什么岗位，都要秉持"小学生"的心态，在知识的浩瀚海洋里，任何"广博""渊博"都是相对的，只有不断学习和探索，才能始终保持前行的姿态。

要养成自我更新的习惯。不固守已经掌握的知识和形成的能力，不以"权威"自居自矜，持续不断地对自己掌握的知识和能力进行联系、推敲、质疑和发展，通过学习不断充实理论、优化知识、完善技能、调整思路，适应不断发展变化的形势和目标。

要养成学以致用的习惯。"纸上得来终觉浅，绝知此事要躬行"，动手做一做，比单纯的"空谈"要来得更具体、更全面，也更直观。"高学历"与"强能力"并不等同，有实践倾向和经验的人才往往更容易脱颖而出。

五、实战演练

【实战演练一】

AQ 是一家人力资源咨询公司的培训师。一天她到一家公司去推销自己，可是该公司的经理不愿意做人力资源管理培训方面的工作，他认为这没有多大价值，并且还增加成本。后来在 AQ 的一再鼓动下，经理勉强答应，但将费用压得很低，其要求是把公司所有人，不分岗位、工种，全都集合在一起，听听课就行。AQ 强调说："我们公司与您合作不仅仅是为了利润，我们更想做好一点，让您掌握更多人力资源管理专业知识和实务经验，帮您把公司做得更好、更成功，这才是我们的宗旨。"经理听后很感动，于是答应了 AQ 的请求。

根据以上材料，回答下列问题：

1. AQ 劝说经理的理由可能是_____。

    A. 培训与开发能加强员工彼此协作

    B. 培训与开发能提高组织和个人绩效

    C. 培训与开发能增强组织和个人的适应与应变能力

    D. 培训与开发能提高和增强职工对组织的认同感

2. 对经理的"把公司所有人集合起来听一下课"思想的评价，正确的是_____。

    A. 节约成本，功效很大

    B. 节约成本，功效不大

    C. 应该把公司人员分为不同类别来进行培训

    D. 无所谓

3. 若 AQ 要帮该公司进行人力培训，其采用的方法包括_____。

    A. 讲授法   B. 讨论法

    C. 角色扮演法   D. 阶梯技术

4. 人力资源培训的程序有_____。

    A. 人力培训与开发需求分析   B. 人力培训与开发的计划制订

    C. 人力培训与开发效果的评估   D. 人力培训与开发的反馈

【实战演练二】

N 电器公司成立于 2014 年，在过去的 10 年中，由最初的总资产几百万元发展成为现在的总资产 200 多亿元的大型电器公司。但最近 N 公司遇到了麻烦，公司经常出现熟练工人短缺的问题。产生这个问题的原因是公司从国外引进了世界上最先进的生产设备，而且生产的产品品种也比以前更多了，这些变化要求生产工人掌握更为先进的技术，而从人才市场上招进来的员工很难在短期内符合公司的需要，于是公司专门聘请 X 技术培训公司来做培训。X 公司在迅速设计大规模培训计划方面享有盛誉，其培训与开发方式主要有利用书面资料和录像资料组织研修、现场示范、讲座等。

根据以上资料，回答下列问题：

1. 从培训对象来看，该公司的培训属于对_____的培训。

    A. 决策管理层   B. 专业技术人员及操作人员

    C. 监督管理层   D. 临时服务人员

2. 从培训的内容上划分，此次培训属于_____。

    A. 基础知识培训   B. 专业知识培训

    C. 价值观及企业文化塑造   D. 操作技能培训

3. 从培训时间上划分，该公司此次要进行的培训属于_____。

    A. 职前培训   B. 在职培训

    C. 职外培训   D. 个体培训

4. 案例中该公司聘请的 X 技术培训公司使用的培训方式有_____。

    A. 视听法
               B. 案例研讨法

    C. 操作示范法
          D. 讲授法

六、技能训练

（一）单项选择题

1. 下列选项中，_____不是培训与开发的作用。

    A. 提高员工绩效
           B. 增强员工归属感

    C. 减少员工加班时间
      D. 提高组织绩效水平

2. 在培训效果评估中，_____评估主要关注员工对培训的反应。

    A. 反应层评估
           B. 学习层评估

    C. 行为层评估
           D. 结果层评估

3. 在制订培训计划时，_____不是必须考虑的内容。

    A. 培训目标
             B. 培训时间

    C. 培训地点
            D. 员工家庭背景

4. 关于培训与开发，下列选项中，_____说法是正确的。

    A. 培训与开发只对新员工有必要

    B. 培训与开发是人力资源部门的单独责任

    C. 培训与开发应关注组织的长远发展

    D. 培训与开发的效果无法衡量

5. 在入职教育中，由新员工直属上司执行的是_____指导。

    A. 技术性
             B. 共同性

    C. 基础性
            D. 特定性

6. _____是培训的直接受益者，向其了解培训效果信息，是最便捷的渠道。

    A. 主管部门
          B. 受训人员

    C. 岗位管理者
        D. 基层员工

7. 培训计划制订的第一步是_____。

    A. 设计培训内容
       B. 明确培训目标

    C. 明确参训人员
       D. 确定培训者

8. 职业生涯规划的主要目的是_____。

    A. 提高个人职业技能
    B. 实现个人职业目标

    C. 增强组织竞争力
      D. 促进个人职业发展

9. 关于职业生涯规划，下列选项中，_____说法是正确的。

    A. 职业生涯规划是一个长期的过程，需要不断调整和完善

B. 职业生涯规划与个人职业发展和组织发展密切相关

C. 职业生涯规划只需要关注个人的职业兴趣和能力

D. 职业生涯规划不受外部环境因素的影响

10. 下列选项中，_____不属于职业选择理论。

A. 帕森斯的特质-因素理论　　B. 霍兰德的职业性向理论

C. 施恩的职业锚理论　　D. 萨柏的职业生涯发展理论

（二）多项选择题

1. 培训管理过程包括_____。

A. 培训需求分析　　B. 培训计划与实施

C. 培训迁移　　D. 培训效果评估

E. 明确培训目标

2. 培训类型根据培训内容可以划分为_____。

A. 知识性培训　　B. 技能性培训

C. 态度性培训　　D. 行为性培训

E. 在职培训

3. 在进行员工培训时，下列选项中，_____属于直接传授式的培训方法。

A. 课堂讲授　　B. 工作轮换

C. 视听教学技术　　D. 专题讲座

E. 研讨法

4. 下列选项中，_____属于培训与开发的基本原则。

A. 服务组织战略和规划原则　　B. 技能提升与文化建设并重原则

C. 激励与考评并存原则　　D. 学以致用原则

E. 最优性价比原则

5. 职业生涯规划与管理的目的有_____。

A. 提升员工的工作满意度　　B. 增强员工的组织忠诚度

C. 提高员工的个人能力　　D. 促进组织的可持续发展

E. 实现个人与组织的共同发展

（三）判断题

1. 培训需求分析是培训与开发过程中最关键的环节，因此只需要分析员工的需求即可。　　（　　）

2. 培训计划的制订只需要考虑组织的战略目标和业务需求，不需要考虑员工的需求和特点。　　（　　）

3. 培训效果评估是培训流程中的最后一个环节。　　（　　）

4. 在进行培训效果评估时，反应评估是最重要的一级评估，因为它直接反映了员工对培训的满意度。　　（　　）

5. 直接传授法的主要特征是大多数信息流是向受训者单方向流动的，受训者处于被动接受状态。 （　）

6. 根据培训形式的不同，培训可以分为在职培训和脱产培训。 （　）

7. 培训与开发不仅仅是人力资源部门的主要职责，与其他部门也有关联。 （　）

8. 培训的主要目的是提高员工的工作技能和知识水平，而不是增强员工的归属感和忠诚度。 （　）

9. 职业生涯规划是个人的事情，与组织的发展和战略目标无关。 （　）

10. 个体因素是影响职业生涯规划的最基本因素。 （　）

（四） 名词解释

1. 培训

2. 培训迁移

3. 培训效果评估

4. 职业生涯规划

5. 职业生涯管理

（五） 简答题

1. 培训与开发的意义是什么?

2. 培训管理过程模型有哪些?

3. 培训需求分析的内容有哪些?

4. 职业生涯与规划的意义是什么?

5. 影响职业生涯的因素有哪些?

（六） 论述题

1. 在当今快速变化的工作环境中，员工个人职业生涯发展对于个人和组织都至关重要。请论述培训与开发在促进员工个人职业生涯发展中的作用，并且给出至少两个具体的实施策略。

2. 随着社会经济的发展和个人职业观念的变化，个人职业生涯规划对于职业发展变得越来越重要。请论述个人职业生涯规划的重要性及其对职业发展的可能影响，并提出至少两个有效的职业生涯规划策略。

（七） 案例分析题

（一） A 公司的培训与开发工作

A 公司是一家专注于人工智能技术开发的初创企业，随着业务的不断扩展和技术的迅速更新，公司意识到需要加强对员工的培训与开发工作，以提升团队的整体技术能力和创新能力，确保公司在激烈的市场竞争中保持领先地位。

随着人工智能技术的快速发展，A 公司面临的挑战是如何快速适应市场变化，提升产品的竞争力。公司高层意识到，要实现这一目标，仅仅依靠招聘新的技术人才是远远不够的，更重要的是要通过系统的培训与开发计划，提升现有员工的技能水平和创新能力。

通过对公司现状的分析，A公司诊断出以下几个主要问题：

问题一：技术更新速度快，员工的技能跟不上市场的需求。

问题二：缺乏系统化、持续的培训体系，员工学习意愿不高。

问题三：创新能力不足，难以形成持续的技术创新机制。

为了解决上述问题，A公司制订了一套全面的培训与开发计划。

建立长期的培训体系：公司决定与多家知名的在线教育平台合作，为员工提供包括人工智能、机器学习、大数据分析等在内的一系列在线课程，鼓励员工在工作之余学习新技术。

实施能力导向的绩效考核：将员工的学习成果和工作表现结合起来，作为绩效考核的一部分，以此激励员工积极参与培训学习。

创建创新激励机制：设立创新基金，鼓励员工提出创新项目，对于被采纳并成功实施的项目给予奖励，以此激发员工的创新激情和潜能。

A公司的培训与开发计划自实施以来，取得了显著成效。

员工技能显著提升：通过参加在线课程和内部培训，员工的专业技能得到了显著提升，更能适应公司的技术发展需求。

学习氛围浓厚：公司内部形成了良好的学习氛围，员工之间相互交流学习经验，共同进步。

创新能力增强：创新激励机制的实施，激发了员工的创新热情，公司成功研发了多项新技术，增强了市场竞争力。

问题：

1. 结合案例分析A公司的成功之路。

2. 结合本案例谈一谈培训与开发的意义。

（二）某信息公司两个月的员工培训

某信息技术公司，为了提升员工的技能水平和工作效率，决定对全体员工进行为期两个月的企业培训。培训内容包括最新的软件开发技术、项目管理方法，以及团队合作能力。公司特意聘请了几位业内知名的培训师，并且为了确保培训效果，还决定采用线上和线下相结合的方式进行培训。

培训开始前，公司对员工进行了初步的技能评估，以便根据不同员工的技能水平制订个性化的培训计划。培训过程中，每周都会有一次线上测试，以检测员工的学习进度。培训结束后，公司还计划对员工进行一次综合评估，以衡量培训效果。

然而，培训过程中出现了一些问题。一部分员工反映，培训内容与实际工作关联不大，难以应用到日常工作中。另一部分员工则表示，线上培训平台经常出现技术问题，影响了学习体验和效率。

问题：

1. 根据上述案例，分析该公司在企业培训管理过程中存在的主要问题，并提出改进建议。

2. 设计一个评估方案，以有效衡量企业培训的效果。

七、参考答案及解析

第六章

绩效管理

一、学习目标

（一）知识目标

1. 能识记掌握绩效管理的概念，深刻识记并掌握其精髓；熟悉绩效管理的作用，达到流畅阐述的水平；全面了解绩效管理的工具及绩效管理循环的相关知识，并掌握其实际操作与应用。

2. 能明确绩效计划与绩效辅导的核心内容，深入理解绩效考评的标准和流程，以及能够熟练运用绩效反馈的技巧和方法，确保对绩效管理循环的各个环节都有全面而准确的认识。

（二）能力目标

1. 能判定各种绩效考评方法的适用性和优劣，以便在实际应用中做出明智的选择。

2. 能明确职业发展路径，提升综合素质，并将绩效管理与职业发展紧密结合起来，发现自己的长处和不足，从而在职业生涯中更具竞争力。

3. 能够更好地应对各种挑战，实现个人价值。

4. 能根据绩效管理理论指导实践工作，提升绩效管理实际操作水平。

（三）素质目标

树立正确的价值观，秉持以人为本的绩效管理理念。确保在绩效管理过程中尊重员工、关注员工成长，并通过绩效管理激发员工的积极性和创造力，实现组织与员工的共同发展。

（一）绩效管理概述

1. 绩效管理的概念

绩效管理是把对组织绩效的管理和对员工绩效的管理结合在一起的体系，它是管理者为确保员工的工作活动和产出与组织目标保持一致而实施的管理手段与过程。

2. 绩效管理的作用

第一，绩效管理有利于组织战略的有效执行与落地。

第二，绩效管理有利于组织管理水平的不断提升。

第三，绩效管理有利于员工的进一步开发。

3. 绩效管理的工具

（1）目标管理

（2）标杆管理

（3）关键绩效指标

（4）平衡计分卡

（5）目标与关键成果

（6）经济增加值

4. 绩效管理循环

绩效管理作为一个完整的管理体系，由绩效计划、绩效辅导、绩效考评与绩效反馈四部分组成。

（二）绩效计划

1. 绩效计划的内涵

绩效计划是指在绩效周期开始时，管理者和员工依据组织的战略规划和年度工作计划，在充分沟通的基础上就工作任务达成一致认识，并签订绩效目标协议的过程。

2. 绩效计划的内容

绩效计划主要包括绩效目标、绩效指标、绩效标准、绩效周期、行动方案等内容。

3. 绩效计划的制订原则

绩效计划的制订原则包括战略原则、员工参与原则、发展性原则、SMART 原则[①]。

4. 绩效计划的制订过程

绩效计划的制订过程包括准备阶段、沟通阶段、确定阶段。

---

① SMART 原则是目标管理中的基本原则，由五个单词的首字母组成：specific（具体的）、measurable（可衡量的）、attainable（可实现的）、relevant（相关的）、time-bound（有时间限制的）。

（三）绩效辅导

1. 绩效辅导的内涵

绩效辅导是指依据绩效计划，管理者对员工的工作进展情况进行指导、支持、帮助和监督，及时发现和解决员工工作中存在的问题和潜在问题，并在必要的情况下对绩效计划进行适当调整，以帮助员工顺利实现绩效目标的持续过程。

2. 绩效辅导的内容

绩效辅导的内容包括有效监督、持续指导、适时调整、有效激励。

3. 绩效辅导的风格

根据管理者个性特点和行为偏好的不同，绩效辅导风格可分为推动者、说服者、温和者及分析者四种。

4. 绩效辅导的流程

绩效辅导的流程包括明确目标、绩效诊断、策略选择、辅导实施步骤。

（四）绩效考评

1. 绩效考评的含义

绩效考评又称绩效评估、绩效评价，是指评价主体根据组织的战略目标和绩效计划，对照工作目标或绩效标准，采用科学合理的评价方法，对员工的工作态度、工作行为、工作业绩和个人发展情况进行考核和评价的过程。

2. 绩效考评的信息来源

绩效考评的信息来源包括直接上级、同事、员工本人、下级、客户等利益相关者及外界考绩专家。

3. 绩效考评的方法

①比较法

②量表法

③描述法

4. 绩效考评的实施

①绩效考评中常见的问题

②绩效考评的原则

③绩效考评的基本流程

（五）绩效反馈

1. 绩效反馈的内涵

绩效反馈是指在绩效考评阶段结束以后，管理者通过绩效反馈面谈，将考评结果反馈给员工，在肯定成绩的同时，共同分析绩效不佳的原因，并探讨下一步工作安排的过程。

2. 绩效反馈的作用

①提高员工对绩效考评结果的接受程度

②帮助员工进行绩效改进

③有利于员工制订个人发展计划

3．绩效反馈面谈

①绩效反馈面谈的原则

②绩效反馈面谈的步骤

4．绩效考评结果的应用

①用于人力资源管理的决策

②用于绩效改进

三、拓展阅读

（一）习近平：建设堪当民族复兴重任的高素质干部队伍

"为政之要，惟在得人。"党的十八大以来，以习近平同志为核心的党中央高度重视干部的培养、选拔与任用，始终坚持德才兼备、选贤任能。党的二十大报告指出："建设堪当民族复兴重任的高素质干部队伍。全面建设社会主义现代化国家，必须有一支政治过硬、适应新时代要求、具备领导现代化建设能力的干部队伍。"

（二）把新时代好干部标准落到实处

要践行新时代好干部标准，不做政治麻木、办事糊涂的昏官，不做饱食终日、无所用心的懒官，不做推诿扯皮、不思进取的庸官，不做以权谋私、蜕化变质的贪官。

——2019 年 7 月 9 日，习近平在中央和国家机关党的建设工作会议上的讲话

坚持党管干部原则，坚持德才兼备、以德为先、五湖四海、任人唯贤，把新时代好干部标准落到实处。

——2022 年 10 月 16 日，习近平在中国共产党第二十次全国代表大会上的报告

（三）树立选人用人正确导向，选拔忠诚干净担当的高素质专业化干部

营造良好政治生态是一项长期任务，必须作为党的政治建设的基础性、经常性工作，浚其源、涵其林，养正气、固根本，锲而不舍、久久为功。选人用人是风向标，直接影响着政治生态走向。要把树立正确选人用人导向作为重要着力点，突出政治标准。

——2018 年 6 月 29 日，习近平在十九届中央政治局第六次集体学习时的讲话

树立选人用人正确导向，选拔忠诚干净担当的高素质专业化干部，选优配强各级领导班子。坚持把政治标准放在首位，做深做实干部政治素质考察，突出把好政治关、廉洁关。

——2022 年 10 月 16 日，习近平在中国共产党第二十次全国代表大会上的报告

（四）推动干部能上能下、能进能出，形成能者上、优者奖、庸者下、劣者汰的良好局面

要深化干部制度改革，完善管思想、管工作、管作风、管纪律的从严管理机制，

推动干部能上能下、能进能出，推动形成能者上、优者奖、庸者下、劣者汰的正确导向。要建立健全干部担当作为的激励和保护机制，切实为勇于负责的干部负责、为勇于担当的干部担当、为敢抓敢管的干部撑腰。

——2020年6月29日，习近平在十九届中央政治局第二十一次集体学习时的讲话

完善干部考核评价体系，引导干部树立和践行正确政绩观，推动干部能上能下、能进能出，形成能者上、优者奖、庸者下、劣者汰的良好局面。

——2022年10月16日，习近平在中国共产党第二十次全国代表大会上的报告

（五）注重在重大斗争中磨砺干部，加强干部斗争精神和斗争本领养成

斗争精神、斗争本领，不是与生俱来的。领导干部要经受严格的思想淬炼、政治历练、实践锻炼，在复杂严峻的斗争中经风雨、见世面、壮筋骨，真正锻造成为烈火真金。要学懂弄通做实党的创新理论，掌握马克思主义立场观点方法，夯实敢于斗争、善于斗争的思想根基，理论上清醒，政治上才能坚定，斗争起来才有底气、才有力量。要坚持在重大斗争中磨砺，越是困难大、矛盾多的地方，越是形势严峻、情况复杂的时候，越能练胆魄、磨意志、长才干。领导干部要主动投身到各种斗争中去，在大是大非面前敢于亮剑，在矛盾冲突面前敢于迎难而上，在危机困难面前敢于挺身而出，在歪风邪气面前敢于坚决斗争。

——2019年9月3日，习近平在2019年秋季学期中央党校（国家行政学院）中青年干部培训班开班式上的讲话

加强实践锻炼、专业训练，注重在重大斗争中磨砺干部，增强干部推动高质量发展本领、服务群众本领、防范化解风险本领。加强干部斗争精神和斗争本领养成，着力增强防风险、迎挑战、抗打压能力，带头担当作为，做到平常时候看得出来、关键时刻站得出来、危难关头豁得出来。

——2022年10月16日，习近平在中国共产党第二十次全国代表大会上的报告

（六）抓好后继有人这个根本大计

组织上安排年轻干部去艰苦边远地区工作，是信任更是培养，年轻干部应该以此为荣、争先恐后，而不是拈轻怕重、挑肥拣瘦、患得患失、讨价还价。在党组织安排的工作面前犹犹豫豫、想这想那，这样的干部是不能重用的！到了关键时候是要出问题的！艰难困苦、玉汝于成，刀要在石上磨、人要在事上练，不经风雨、不见世面是难以成大器的。

——2021年9月1日，习近平在2021年秋季学期中央党校（国家行政学院）中青年干部培训班开班式上的讲话

抓好后继有人这个根本大计，健全培养选拔优秀年轻干部常态化工作机制，把到基层和艰苦地区锻炼成长作为年轻干部培养的重要途径。

——2022年10月16日，习近平在中国共产党第二十次全国代表大会上的报告

四、思政专栏

【社会主义核心价值观之敬业】

每个人都想实现自身的价值，如何实现自身的价值，方法途径有很多，但敬业是基础的要件。

工作是人生中不可或缺的一部分内容。它不仅是一种谋生的手段，更是一种创造物质财富和精神财富的过程，也是从业人员实现自身价值的平台。在这个平台上，从业人员如果能恭敬严肃地对待自己所从事的职业，他就会在为社会创造物质财富和精神财富的同时，实现自身的价值。

袁隆平是我国当代杰出的农业科学家，也是享誉世界的"杂交水稻之父"。他为什么能成为杰出的农业科学家、享誉世界的"杂交水稻之父"？一个重要的原因就在于他对理想的追求、对事业的热爱、对岗位的敬重。

为了杂交水稻事业，几十年来，他像候鸟一样追赶着太阳南来北往育种，在攻关的前10年有7个春节是在海南岛度过的。用他自己的话讲："我不在家，就在试验田；不在试验田，就在去试验田的路上。"

刚开始研究时，有人说他是自讨苦吃。他坦然地回答：为了大家不再饿肚子，我心甘情愿吃这个苦。研究条件的简陋艰苦、滇南育种遭遇大地震的威胁、上千次的实验失败，都动摇不了袁隆平研究杂交水稻的决心。

正是这种敬业精神，他将水稻产量从平均亩①产300公斤左右先后提高到500公斤、700公斤、800公斤。他也因此在1987年获联合国教科文组织颁发的科学奖；在2001年获国务院颁发的2000年度国家最高科学技术奖；在2004年获世界粮食奖励基金会颁发的世界粮食奖；在2007年4月被评为美国科学院外籍院士，被誉为"杂交水稻之父"。

五、实战演练

【实战演练一】

某公司成立于2020年，现有员工1 200人。总公司仅设一些职能部门，虽然没有业务部门，但总公司下设若干从事不同业务的分公司。公司高层非常重视绩效考核工作，每季度末对分公司领导班子成员进行考核，具体办法是：总公司分管副总分别召开各分公司全体员工大会，听取分公司领导述职报告之后，再由总公司分管副总和员工按一定权重（4∶6）对其进行考核测评。考核内容由三个方面构成，即被考核单位的经营业绩、考核结果、被考核者的态度及发展潜力，三者的权重分别为30%、40%和30%，根据加权平均得出总分。分公司领导班子成员的考核结果分为4个等级，每

---

① 注：1亩约等于666.67平方米。

一等级所占比例如表6-1所示。

表6-1　考核结果

考评等级	优	良	中	差
比例	20%	30%	45%	5%

分公司领导班子成员考核完成后，总公司领导在总结会上对考核结果进行说明，并将具体情况反馈给个人。但每次的绩效考核结果并没有与晋升、薪酬挂钩，总是不了了之。

根据以上材料，回答下列问题：

1. 该公司各分公司领导班子成员绩效考核中存在的问题是_____。

    A. 绩效考核的目的不清晰   B. 绩效考核内容单一

    C. 绩效考核周期过长   D. 未能有效避免考核结果的趋中趋势

2. 对该公司的分公司总经理进行考核时，可以增加的考核主体包括_____。

    A. 分公司的原材料供应商   B. 分公司领导班子其他成员

    C. 总公司总经理   D. 分公司的产品分销商

3. 该公司对分公司领导的绩效考核包括工作态度指标，这种考核指标属于_____。

    A. 硬指标   B. 结果类指标

    C. 特质类指标   D. 行为指标

【实战演练二】

某企业的绩效管理主要采用以下步骤：

第一步，对于部门主管及以上领导干部。年终由主管领导召集其下属员工开会，共同听取其述职报告，再由下属、同级及上级领导根据其一年的表现填写"年度领导干部考核评议表"。该表汇总后将分数按"领导、部门内同事、下属（2：3：5的权重）"加权平均得出总分。

第二步，全体员工按照一般员工、主管、部门经理、高层领导分组。每组按考评结果分5个等级，每一个等级所占比例如表6-2所示。

表6-2　考核等级及比例

等级	A	B	C	D	E
比例	10%	30%	54%	5%	1%

第三步，考评结果运用。A等级范围的人有机会获得晋升，而E等级的将被淘汰或降级。

根据以上资料，回答下列问题：

1. 本例中，绩效考核的主体包括_____。

    A. 上级领导   B. 下级员工

    C. 专家   D. 同事

2. 下列关于绩效考核主体的说法，正确的是_____。

    A. 在绝大多数情况下，同事是评价员工的最佳人选

    B. 让员工进行自我评价的好处是可以保证评价结果的准确和可靠

    C. 在对管理人员的管理能力进行评价时，可以让下级参与

    D. 外部人员参与组织内部员工的绩效评价会导致结果过于宽松

3. 该企业在第二步使用的绩效考核方法是_____。

A. 关键绩效指标法	B. 强制分布法
C. 配对比较法	D. 平衡计分卡法

4. 影响企业绩效考核周期的因素包括_____。

A. 奖金发放周期	B. 工作任务完成周期
C. 职位的晋升与调整周期	D. 工作性质

六、技能训练

（一）单项选择题

1. 绩效的_____是指绩效具有多种维度，是员工的知识、能力、态度、动机、行为的表现与结果。

A. 多维性	B. 多因性
C. 动态性	D. 多变性

2. 绩效管理力图实现组织和员工的双赢，聚焦组织发展和员工成长成才的交汇点，使员工完成组织目标的过程也成为实现个人价值和职业成功的过程。这体现了绩效管理具有_____特征。

A. 目标导向	B. 强调发展
C. 以人为本	D. 系统思维

3. 下列选项中，_____不属于关键绩效指标体系。

A. 组织级关键绩效指标	B. 部门级关键绩效指标
C. 个人级关键绩效指标	D. 战略级关键绩效指标

4. 传统的绩效管理理论主要产生于内外环境相对稳定、交互及传递信息并非十分敏捷的工业经济时代，伴随着信息化社会的快速发展和工作场景的不断变化，传统绩效管理工具的适用局限性逐渐暴露，引发了理论与实践的反思，从而催生出的方法是_____。

A. 关键绩效指标	B. 目标与关键成果
C. 平衡计分卡	D. 经济增加值

5. _____是指在考评过程中，考评者往往看见员工某一特定方面表现优异，就以偏概全，断定他别的方面也一定好。

A. 晕轮效应	B. 趋中倾向
C. 第一效应	D. 对照效应

6. 下列有关绩效考评方法的选项中，不属于比较法的是_____。

    A. 交替排序法   B. 配对比较法

    C. 人物比较法   D. 态度记录法

7. 管理者在对员工进行绩效辅导时，采用劝说的方式说服员工，尽力向员工解释，倾向于使用丰富的肢体语言，这种绩效辅导风格属于_____。

    A. 推动者   B. 说服者

    C. 温和者   D. 分析者

8. _____是人力资源管理的核心环节，绩效考评结果能否被有效利用，关系整个绩效管理工作的成败，也关系人力资源管理的成效。

    A. 绩效管理   B. 职业生涯规划管理

    C. 职位分析   D. 人员招聘

9. _____是指考评者通过观察、记录员工与工作相关的优秀事件和不良行为，并在预定的时间内对其工作绩效进行回顾考评的一种方法。

    A. 事实记录法   B. 关键事件法

    C. 叙述法   D. 人物比较法

10. 下列绩效指标中，属于软指标的是_____。

    A. 出勤率   B. 劳动生产率

    C. 销售量   D. 沟通协调能力

（二）多项选择题

1. 绩效管理作为一个完整的管理体系，由_____组成。

    A. 绩效计划   B. 绩效辅导

    C. 绩效考评   D. 绩效成果

    E. 绩效反馈

2. 绩效计划的制订原则有_____。

    A. 战略原则   B. 员工参与原则

    C. 发展性原则   D. 策略原则

    E. SMART 原则

3. 下列选项中，_____属于绩效考评的信息来源。

    A. 直接上级   B. 同事

    C. 员工本人   D. 下级

    E. 客户等利益相关者

4. 下列选项中，_____属于绩效考评的原则。

    A. 公开性   B. 客观性

    C. 及时反馈   D. 有差别

    E. 避免"鞭打快牛"

5. 下列选项中，_____属于绩效考评中主观因素导致的常见问题。

    A. 晕轮效应   B. 趋中倾向

C. 宽大化或严格化倾向　　　　　D. 考评者个人偏见

E. 第一效应

（三）判断题

1. 绩效管理是识别、衡量和开发个人绩效，不需要与团队目标和组织战略保持一致。　　　　　　　　　　　　　　　　　　　　　　　　　　　（　　）

2. 目标管理是 1954 年由彼得·德鲁克在《管理的实践》中提出的。　（　　）

3. 绩效计划制订需要管理者和员工的共同参与。　　　　　　　　　（　　）

4. 特质类指标关注员工绩效的实现过程。　　　　　　　　　　　　（　　）

5. 绩效沟通的方式可以视具体情况而定，可以采取正式的沟通方式，也可以采用非正式的沟通方式。　　　　　　　　　　　　　　　　　　　　　（　　）

6. 绩效辅导是绩效管理循环中耗时最长的一个环节。　　　　　　　（　　）

7. 比较法是将一定的分数或比重分配到各考评指标上，由考评者根据员工在各考评指标上的表现，对照考评标准对员工进行绩效考评的一种方法。　　　　　（　　）

8. 为成功实施绩效考评，有效控制绩效考评过程中出现的各种误差，必须严格按照科学、合理的考评流程。　　　　　　　　　　　　　　　　　　　　（　　）

9. 绩效反馈不利于员工制订个人发展计划。　　　　　　　　　　　（　　）

10. 如果绩效考评结果没有得到有效的应用，就会出现绩效管理"空转"现象，导致绩效管理与组织战略目标及其他人力资源管理职能脱节。　　　　　　　（　　）

（四）名词解释

1. 标杆管理

2. 平衡计分卡

3. 绩效辅导

4. 绩效考评

5. 绩效反馈

（五）简答题

1. 关键绩效指标有何特点？

2. 平衡计分卡的实施步骤有哪些？

3. 目标与关键成果的优势包含哪些内容？

4. 绩效考评中客观因素导致的问题有哪些？

5. 绩效反馈包含哪些内容？

（六）论述题

1. 请论述关键绩效指标（key performance indicator，KPI）与目标与关键成果（objectives and key results，OKR）的主要特征，并调查一家企业的绩效管理情况，介绍关键绩效指标与目标与关键成果其中一种绩效管理方法的运用。

2. 绩效反馈面谈作为绩效管理中的重要环节，对整个绩效管理体系的良好运转至关重要，请论述如何进行有效的绩效反馈面谈，以确保其价值的充分发挥。

（七）案例分析题

RL 公司的绩效管理探索

RL 公司从小微企业逐步发展成为小有成就的中小型企业。RL 公司拥有 580 名员工，高层管理团队由 5 位资深领导组成，引领着公司的航向。行政人员共计 108 人，确保公司日常运营的顺畅。技术研究人员 70 人，是公司产品创新与研发的核心力量。生产人员 120 人，保障产品的高质量生产。人员占比较大的部门为市场营销部，人员多达 277 人，占据了公司总人数的 47.76%。RL 公司是销售导向型的企业，注重市场开拓和客户服务。RL 公司的员工主要是大学本科学历，其次是大专及其以下学历，研究生以上学历职工只占 5%。RL 公司深入洞察客户需求，精准把握市场发展，赢得了众多客户的信任和支持。公司的品牌声誉持续提升，市场拓展策略也日益精进。

随着市场竞争加剧和公司规模扩大，RL 公司面临的困境和机遇也日益增多，之前实施的人力资源管理制度已逐渐显露出其滞后性和不适应性，难以满足当前复杂的业务需求和市场环境。RL 公司组织架构不完善，这种多层级的结构不仅影响了信息的有效传递，还可能导致决策执行过程中出现偏差，降低公司管理效率。同时，由于沟通和协调不畅，公司内部可能出现资源分配不均、工作重复或遗漏等问题，进一步加剧运营管理的难度。员工也时常向管理者抱怨，他们感到自己的工作表现未能得到公正、准确的衡量和评价。管理者感觉无法对员工进行有效管控，部门与部门之间出现推诿扯皮，在工作中员工之间也存在相互不配合、不和谐的现象。公司的绩效管理制度不仅无法有效激励员工的积极性和创造力，还在一定程度上阻碍公司的进一步发展和创新。对现有的管理制度和奖惩机制进行全面而深入的改革与调整，已成为公司迫切需要解决的重要问题。面对这些问题，高层管理者认识到目前公司发展的困境，高绩效是企业发展的核心竞争力和持续发展的源泉，必须对现有的组织架构和管理制度进行全面而深入的改革，确保各个部门和层级的设置能够高效地支持公司的战略目标和业务需求。这可能需要调整部门的职责划分，优化工作流程，以减少不必要的层级和冗余的职位，对公司组织架构进行调整，逐步向简单化、扁平化调整。同时，高层管理者意识到不断提升绩效水平的重要性，这无疑对人力资源管理工作提出了更高的要求，特别是在绩效管理领域，亟待进行相应的优化和调整。

RL 公司召开公司总经理办公会，同时会议决策要提升公司的绩效管理水平，要求人力资源管理部门以公司战略为主，为公司打造可持续、公平合理的绩效管理体系，进而为公司长远发展增势赋能。此会议的召开，通过绩效管理的提升将公司员工的工作与公司战略联系起来，在提升员工个人绩效的同时，也能提高组织绩效，引导员工向着公司战略方向奋进。深入认识到绩效管理在推动公司发展中的核心作用后，RL 公司决定将这一议题置于公司改革的首要位置。公司总经理办公会迅速召开，不仅是对当前绩效管理挑战的积极回应，更是对公司未来发展方向的明确宣示。会议明确，人力资源管理部门需紧密围绕公司战略，构建一套既符合公司实际，又具有前瞻性的绩效管理体系。这一体系将注重可持续性，确保公司在追求业绩的同时，不损害长期发展潜力。

RL公司期望将员工的个人目标与组织战略紧密结合，实现员工成长与公司发展的双赢。要想在激烈的市场竞争中稳固立足并实现可持续发展，就必须不断完善其绩效管理体系，确保其能够与时俱进，紧密贴合公司的战略目标和发展需求。为此，公司人力资源管理部门通过问卷调查、深度访谈、数据分析等多元化的方式，深入剖析了公司在绩效管理领域存在的问题。

员工对于公司目前绩效管理的认识存在偏差。中层管理者通常将绩效管理视为约束员工的一种管理手段，员工认为绩效管理是简单的绩效考评，特别是对于生产部门、技术部门的员工，部分员工认为绩效管理仅仅是走过场，是一种形式，不重视这种流于表面的绩效管理方式。在这种企业文化氛围的影响下，员工很难从心底里真正重视绩效考核，往往只是将其视作一项繁琐且不得不应付的考核过程。市场营销部门的员工认为公司过分聚焦于业绩成果，而忽视了对他们工作过程、个人努力及其他非业绩方面表现的认可，这种认知上的偏差导致他们产生消极怠工的想法。技术部门和生产部门的员工也忽略绩效管理对于个人及组织成长的重要性。在绩效考评过程中，虽然RL公司也设定了绩效考核指标和考核标准，但部分员工对考核指标和考核标准的认识不是太清晰，部分管理者在绩效等级评定过程中往往也不是以绩效考核标准为依据，而是以自身主观意见为依据，存在考评者个人偏见，员工感觉绩效评定缺乏公平、公正。在绩效管理的实施的过程中，员工不愿意主动学习和创新，无法真正理解绩效管理的价值和意义。

RL公司在制订绩效计划的过程中，忽视了对公司战略目标的逐级细化与落实，导致众多部门及员工的绩效目标设定相互掣肘。这种不合理的绩效考核体系不仅未能有效促进团队协作，反而引发了部门之间、员工之间的推诿和扯皮现象，严重降低了公司的整体执行力和运营效率。在具体的绩效管理工作中，行政部门往往仅局限于完成自身的本职工作，而未能深入领悟和执行对实现组织战略目标至关重要的关键性动作。技术部门和行政部门的员工由于对公司战略目标缺乏透彻理解，因而配合意愿和程度相对较低。这种局面容易在客户服务和生产及销售业务流程上出现疏漏，违背了"以客户为中心，提高服务质量"的公司愿景和使命。公司战略目标的实现依赖各部门之间的紧密配合与高效协作，RL公司在绩效管理中过于偏重行政部门的员工，而忽视了其他部门在推动战略目标达成中的关键作用，致使其他部门的员工产生战略目标与己无关的认知。长此以往，员工在工作中缺乏积极性和使命感，绩效管理将与公司战略目标脱节，影响公司整体运行。

RL公司对组织架构进行了优化，面对管理效率下降的趋势，公司采用关键绩效指标作为绩效管理工具，希望通过关键绩效指标的运用，提升公司管理效率和调动员工工作积极性，但在经历了组织架构的调整后，公司员工对自身工作分工、绩效目标产生了分歧和困惑。在制订绩效计划的过程中，RL公司因为组织架构变革，对很多管理层和员工的工作岗位、工作职责进行了调整，在绩效计划制订的过程中没有遵循战略原则、SMART原则、员工参与原则、发展性原则。由于缺乏深入部门做岗位分析，RL

公司制定的绩效考评内容显得过于宽泛，既缺乏针对性，又难以提供具有实际指导意义的反馈；在关键绩效指标体系流程设计时，没有遵循公司战略目标进行层层分解，关键绩效指标设置存在一定的模糊性和矛盾点，中层管理人员和员工对关键绩效指标的设置缺乏共识，常常是管理者强制把绩效指标分配给员工。部分中层管理人员对绩效管理的理解不够深入，他们在执行绩效管理流程时往往难以有效地辅导员工，导致绩效辅导工作无法达到预期的效果。在执行绩效目标的过程中，员工缺乏必要的指导和支持，这使得员工可能无法顺利地实现目标，进而影响公司的整体绩效。这样的绩效考评无法准确反映员工在部门和岗位上的实际工作表现，而且难以提供具有实际指导意义的反馈，无法帮助员工明确改进方向和提升空间。

人力资源部门调查发现，RL 公司市场营销部经理经常采取直接下达绩效指标的方式，没有协助部门员工制订具体营销计划，这是导致 RL 公司绩效目标实际达成效果不佳的主要原因。市场营销部经理未能为员工留出足够的空间，让他们能够畅所欲言，表达内心的疑虑和困惑。公司经常出现的情况是，市场营销部经理自我感觉辅导和面谈已经相当完备，然而员工却由于未能及时获得解答，反而陷入了更深的迷茫之中。市场营销部经理对绩效辅导的重视程度不足，往往存在只重视过程形式，不重视内容实质的情况。市场营销部员工对绩效管理提出的困惑点和疑虑，市场营销部经理往往没有进行反馈和跟踪处理，导致员工在下一次面谈中不愿意再提问题。这种单向的沟通方式和缺乏互动性的绩效辅导，不仅未能有效解决员工在绩效目标实现过程中遇到的问题，反而加剧了员工的困惑和不满。市场营销部经理直接下达绩效指标，却未与员工共同制订具体、可操作的行动计划，这使得员工在执行过程中缺乏明确的方向和策略，难以有效地达成绩效目标。对员工反馈的漠视进一步削弱了员工参与绩效管理的积极性，当员工提出的困惑和疑虑得不到及时、有效的回应和处理时，员工对经理的信任度也随之降低。这种消极的情绪和态度不仅会影响员工个人的工作表现，还可能对整个市场营销部门的绩效产生负面影响。

RL 公司的绩效考评制度在员工中引发了质疑之声，考评制度的设立并不完善，给员工一种考核主要依赖部门领导主观印象的错觉，员工对考核的公正性和明确性产生了疑虑。由于缺乏客观且统一的考核标准，员工们难以精确判断自己的工作成效是否符合公司的期许，同时也无法清晰地识别个人应当努力的方向。RL 公司人力资源部的员工通过访谈员工了解到，绩效考核对于员工仅仅只是走过场，并未真实、全面地体现出他们的工作实际状况和所做出的贡献。这种表面化、形式化的考核方式，不仅难以有效激发员工的工作热情，反而引起了他们的不满和抵触情绪，进而对工作效率和团队氛围产生消极影响。这不仅挫伤了员工的工作热情和投入程度，还给公司的整体运营带来不良的影响。

RL 公司高层领导对绩效管理工作给予了高度重视和支持。为了更全面地了解和解决这些人力资源管理工作的难题，人力资源管理部经理提出了召开专题研讨的建议，在这次会议上，公司各部门员工对面临的问题进行了深入的分析和判断，大家畅所欲言，积极建言献策，为公司的绩效管理改进工作提供了宝贵的意见和建议。基于会议的讨论成果，人力资源管理部门从公司战略出发，对人力资源管理战略进行了调整升级，明确提出"以人为本"的管理理念，强调在绩效管理过程中要更加关注员工的需求和发展，对绩效管理体系提出了优化和完善的要求。面对绩效管理中遇到的难题和挑战，人力资源管理部门积极应对，采取了一系列切实有效的改进策略。

RL公司人力资源部全面开展了对公司各部门的绩效管理方案的宣传与培训工作，帮助全体员工认识绩效管理工作的重要性和价值所在，鼓励员工积极参与到绩效管理各个环节的实施过程中，提高对公司文化的认同感和归属感，构建科学完善的绩效管理体系。首先对公司中层管理者先进行培训，确保管理层能够理解全面理解绩效管理制度，然后管理层再向员工层进行绩效管理方案的专题培训。RL公司通过开展大量的宣讲培训，使员工了解到绩效管理体系对于公司和个人的意义，明确公司绩效考评的方法，以及在绩效管理实施过程中应如何沟通，确保员工知道沟通途径，了解绩效考评的奖惩办法。每月绩效考评结果公布之际，公司鼓励优秀员工分享经验和交流心得。优秀员工的分享不仅涉及具体的业务技能和工作方法，还包括面对挑战时的思考方式、解决问题的策略，以及团队合作的经验等。分享的形式多样，有时是正式的讲座、研讨会，有时是非正式的交流、座谈会。通过这些分享，其他员工得以从中汲取智慧，提升自己的工作能力和职业素养。公司营造了一个注重绩效管理、倡导学习与创新、充满活力与凝聚力的公司文化氛围，公司管理者也在不断提升自身对绩效管理的认知和理解，积极投身于改进绩效管理的工作之中。

根据关键绩效指标的特点，实现对公司重点工作的直接控制和衡量，规范关键绩效指标的设计流程，确保其既科学又实用。在设定绩效指标时，坚持"能量化的尽量量化，不能量化的标准化，难以标准化的进行行为细化"的原则，从"工作业绩""能力素质"和"行为表现"三个方面来衡量员工的具体绩效水平。RL公司在考核结果的评定上采用了强制分布法，真实地反映员工关键绩效指标的绩效差异，在同一考核周期内，将员工的绩效结果强制性地分布到不同的等级中，从而确保不同员工之间的绩效结果存在明显的差距，有效地避免了部门内部员工间因过于熟悉而产生的绩效结果趋同现象，避免了以前部门员工受到人际关系和主观因素的影响，出现绩效结果接近或是难以区分优劣的情况，确保了每个等级都有一定数量的员工，从而使得绩效结果的分布更加符合实际情况。关键绩效指标的规范实施激发员工的竞争意识和进取心。员工知道自己的绩效结果会与其他员工进行比较，划分等级，在自己的岗位上更加用心，争取获得更高的等级评价，形成竞争氛围。让员工参与到绩效指标的设定和考核过程中来，强调员工的沟通和反馈，及时帮助员工认清自身的优势和不足，增加了绩效考评的透明度和公平，激发了员工在工作岗位上不断进取的精神，提升了员工的工作积极性，提升了RL公司整体的工作效率和业绩。

在绩效辅导阶段，RL公司完善相应的沟通机制和途径，并规范实施过程。这一阶段主要由部门经理负责，部门经理帮助员工及时发现并解决员工存在的问题。RL公司市场营销部针对绩效辅导工作中存在的问题进行了积极的整改，取得了显著的工作成果，提升了员工的满意度。市场营销部经理在绩效考核的月初和员工进行沟通，明确部门员工设置的各项考核指标，确保每位员工都清楚了解自己的工作目标和预期成果。在员工对有挑战性的业绩指标产生自我怀疑时，市场营销部经理耐心解答员工的疑问，帮助他们理解考核指标的合理性和可达成性，和员工达成共识。在绩效考核的中期，随时关注员工绩效完成情况，及时进行沟通，协助解决问题，并提供相应的资源支持。周例会是市场营销部进行绩效沟通的有效方式，也是解决销售困境、探讨解决方案的重要平台。对于公司销售成功或失败的典型案例，部门成员集思广益，共同探讨有效的解决方案，为完成业绩指标提供了有力支持。同时，市场营销部会对每位员工的绩效表现进行综合评估，提供具体的指导建议，确保员工能够明确工作方向，及时调整策略，从而顺利推进绩效目标的完成。市场营销部的月例会为市场经营分析会，主要进行绩效考核与规划。每月的市场经营分析会确保了考核过程的连贯性和完整性，还为部门成员提供了一个定期回顾、总结和提升的宝贵机会。在每月市场经营分析会上，市场营销团队会详细回顾上一个月的工作情况，对照既定的业绩指标，全面评估每位成员的销售业绩、市场活动效果及客户反馈等关键信息。这样的考核方式既注重结果导向，也兼顾过程管理，旨在帮助团队成员更好地理解市场趋势，优化销售策略，提升个人及团队的整体绩效。市场经营分析会还是制订下一个月工作计划的重要时刻，为表现突出的员工提供展示成果和获得嘉奖的机会，对于未达标的共性绩效指标，会议将组织深入研讨，集思广益，以找到有效的解决办法。市场经营分析会同时也会公布下一个月的绩效考核计划，部门成员会深入分析当前的市场状况，包括行业趋势、竞争对手动态及客户需求变化等关键信息。RL公司综合研究这些数据，能够更准确地把握市场发展趋势，明确每位员工的具体目标和行动指南，确保整个团队对齐方向，协同努力，从而推动公司整体绩效的持续提升，为下一阶段的工作提供有力指导。

市场营销部在绩效辅导过程中的做法在RL公司各个部门得到推广，革新管理手法和沟通艺术，构建一种双向的、互动式的沟通模式，让员工能够畅所欲言，充分表达观点与疑虑，并即时获得回应与指导。中层管理者对员工的反馈给予关注，及时反馈并处理员工在绩效辅导中提及的问题，确保每一个困惑和疑虑都能得到及时有效的解答。RL公司将绩效考核与规划融为一体，不仅提升了公司的管理效率，从根本上点燃了员工的工作激情，推动了公司的业绩增长，为公司整体战略目标的实现提供强有力的支撑。

RL公司建立了一套有效的绩效考评体系，并以全面且客观的方式加强绩效考评结果的应用，直接将其与员工的薪酬调整和晋升机会等切身利益相关联，形成有效的激励机制。RL公司年度绩效考核结果分为"优秀""良好""合格""基本合格""不合格"五个档次，通过对绩效考核结果的分析，全面了解每位员工的绩效完成情况和工作胜任情况，对员工的岗位、培训进行调整。对"优秀""良好"这类表现卓越、积极进取的员工，给予充分的奖励和全方位的激励。RL公司为员工创造更多的学习和成长机会，帮助其在专业能力上不断精进，在管理水平上不断提高。对于"合格"这类员工，重点关注其具有提升空间的绩效指标和可强化的工作能力，做好绩效辅导工作，通过精准的指导与有效的支持，帮助员工在各项绩效指标上取得进步，并全面提升其工作能力，促进他们向更高水平发展。对"基本合格"这类员工，对其所欠缺的技能进行定期的培训，通过系统的培训计划和专业化的辅导，帮助这些员工弥补技能上的不足，进一步提升其工作能力，以便他们能够更好地胜任岗位工作。对"不合格"这类员工，进行岗位分析和人才画像的梳理，全面评估这类员工的能力，进行调整岗位，在必要的情况下，给予降职或淘汰，以确保公司员工的整体素质和效率。绩效考评结果的应用给予员工一个明确、公正的反馈，激励员工不断提升自我，实现个人与公司的共同成长。RL公司充分利用绩效考核结果，展现了公司对绩效管理的重视，这种重视如春风化雨，潜移默化地影响着每一位员工，为公司人才的储备和培育创造了有利条件。RL公司绩效管理的全面实施和持续优化，不断推动公司人力资源管理工作向前发展，为人才的储备和发掘奠定了坚实基础。

RL公司在绩效管理领域持续深耕，不仅成功突破了重重困境，更对现有的绩效管理体系进行了全面而深刻的审视。在充分调研的基础上，公司精心制定了更为完善、合理的绩效考评制度，并严格确保考核过程的公正性与客观性。不断完善的绩效管理体系，犹如一剂强心针，为公司注入了良性竞争的血脉，营造了充满激情与活力的工作氛围，对公司工作态度消极、热情不足的员工起到了有力的鞭策和激励作用，引导员工改善工作态度和方法，共同为公司的发展贡献力量。RL公司矢志不渝地追求构建一个高效且公正的绩效管理体系，以此作为推动公司持续发展的强大引擎，助力企业攀登至全新的发展高峰。随着公司的不断壮大，绩效管理领域的挑战也如影随形，面对难题，RL公司始终保持与时俱进的精神，勇于突破重重难关，不断在变革中寻求新的突破。

问题：

1. RL公司的绩效管理存在哪些问题？请结合案例进行分析。

2. 绩效管理的作用有哪些？结合案例分析这些作用在RL公司是否有所体现。

3. 在制定关键绩效指标体系的设计流程时，给RL公司一些合理的建议。

七、参考答案及解析

第七章

薪酬管理

一、学习目标

（一）知识目标

1. 准确理解报酬、总薪酬、基本薪酬、可变薪酬等薪酬管理的核心概念，明确其构成与特点。

2. 深刻领会薪酬管理的公平性要求，熟知外部、内部、绩效薪酬及管理过程公平性的内涵。

3. 掌握薪酬结构的关键要素，如基本薪酬等级数量、变动范围及交叉重叠关系的确定方法。

（二）能力目标

1. 熟练运用职位评价方法进行职位价值评估，为薪酬体系构建提供有力支撑。

2. 有效开展薪酬调查并准确分析结果，合理制定薪酬水平决策策略。

3. 结合企业实际情况，科学设计薪酬结构，确保其合理性和适应性，满足企业与员工需求。

（三）素质目标

1. 培养严谨科学的数据分析思维，为薪酬管理决策提供准确的依据。

2. 强化沟通协调能力，在薪酬管理中平衡各方利益，营造和谐氛围。

3. 树立高度的公平公正意识，保障薪酬分配与福利提供的公平性，提升员工满意度。

(一) 薪酬管理概述 ★ ★ ★

1. 薪酬的相关概念

报酬是员工为某一个组织工作而获得的所有有价值的东西。

总薪酬也称全面薪酬，它概括了各种形式的薪酬和福利，包括基本薪酬、可变薪酬、福利或服务，还包括津贴和补贴、股权计划等其他多种经济性报酬。

基本薪酬是指一个组织根据员工所承担或完成的工作本身，或者员工所具备的完成工作的技能或能力而向员工支付的相对稳定的经济性报酬。

可变薪酬是薪酬系统中与绩效直接挂钩的经济性报酬，有时也称为浮动薪酬或奖金。

2. 薪酬管理与薪酬管理决策

薪酬管理指一个组织针对员工提供的服务，确定并支付他们应当得到的薪酬的过程。

薪酬管理的作用：①支持组织战略实现，改善组织经营绩效；②塑造和强化组织文化；③支持组织变革；④帮助组织有效控制经营成本。

薪酬管理的公平性要求：①薪酬的外部公平性或者外部竞争性；②薪酬的内部公平性或者内部一致性；③绩效薪酬的公平性；④薪酬管理过程的公平性。

任何组织在开展薪酬管理活动时，通常都需要在薪酬体系、薪酬水平、薪酬结构及薪酬管理政策四个方面进行决策。

(二) 薪酬结构设计 ★ ★ ★

1. 职位评价

职位评价的基本步骤：①挑选典型职位；②确定职位评价方法；③建立职位评价委员会；④对职位评价人员进行培训；⑤对职位进行评价；⑥与员工交流，建立申诉机制。

职位评价的方法有非量化评价法和量化评价法两类。非量化评价法是指那些仅仅从总体上确定不同职位之间的相对价值顺序的职位评价方法，主要包括排序法和分类法。而量化评价法则试图通过一套等级尺度系统来确定一种职位的价值比另一种职位的价值高多少或低多少。量化评价法也有两种，即要素计点法和要素比较法。

2. 薪酬调查与薪酬水平

薪酬调查是指一个组织通过收集信息来判断其他组织所支付的薪酬状况的一个系统过程。从调查方式来看，薪酬调查可以分为正式薪酬调查和非正式薪酬调查两种类型。从调查的组织者来看，正式调查又可分为商业性薪酬调查、专业性薪酬调查和政府薪酬调查。

薪酬水平是指组织之间的薪酬关系，即组织相对于其竞争对手的薪酬水平。组织的薪酬水平决策可以有三种策略：①薪酬领先策略，实行这种薪酬策略的组织往往支付比市场平均水平高很多的薪酬；②市场追随策略，这是一种最为通用的薪酬策略，它实际上就是一种根据市场平均水平确定本组织的薪酬定位的做法；③拖后策略，利润水平较低甚至亏损导致组织没有能力为员工提供高水平的薪酬。

3. 薪酬结构

完整的薪酬结构包括：基本薪酬的等级数量、同一薪酬等级内部的基本薪酬变动范围（最高值、中间值及最低值）、相邻两个基本薪酬等级之间的交叉与重叠关系。

基本薪酬变动范围又称薪酬区间，它实际上是指某一薪酬等级内部允许薪酬变动的最大幅度。

薪酬变动比率通常是指同一薪酬等级内部的最高值与最低值之差与最低值之间的比率。

薪酬区间或者薪酬变动范围的中值是薪酬结构管理中一个非常重要的因素，它通常代表该薪酬等级中的职位在外部劳动力市场上的平均薪酬水平。

薪酬比较比率，表示员工实际获得的基本薪酬与相应薪酬等级的中值或者中值与市场平均薪酬水平之间的关系。

（三）绩效薪酬

1. 绩效薪酬的定义

绩效薪酬是指员工的薪酬随着个人、团队或者组织绩效的某些衡量指标的变化而变化的一种薪酬设计。

2. 绩效薪酬的种类

对于绩效薪酬，可以从两个维度对其进行分类。从激励对象维度来看，绩效薪酬分为个人绩效薪酬和群体绩效薪酬；从时间维度来看，绩效薪酬分为短期绩效薪酬和长期绩效薪酬。

个人绩效薪酬分为：①直接计件工资计划；②标准工时计划；③差额计件工资计划。

群体绩效薪酬分为：①利润分享计划；②收益分享计划；③成功分享计划。

短期绩效薪酬分为：①绩效加薪；②一次性奖金；③特殊绩效认可计划。

长期绩效薪酬是指绩效衡量周期在 1 年以上的，对既定绩效目标的达成提供奖励（主要是以股票的形式）的计划。

（四）员工福利

1. 组织和员工视角下的福利

组织提供福利的原因：①政府法律规定的要求；②劳动力市场竞争压力的推动；③集体谈判的影响；④吸引和保留员工的需要；⑤享受税收优惠政策，提高成本支出的有效性。

福利对于员工的价值：①享受税收方面的优惠；②集体购买产生规模经济效应；③满足员工对稳定的偏好；④满足员工的公平和归属需要。

2. 福利的种类

员工福利分为法定福利、补充保险和员工服务。

法定福利可以划分为法定社会保险、法定假期及住房公积金。我国的社会保险包括基本养老保险、基本医疗保险、工伤保险、失业保险及生育保险五大险种。

补充保险分为：①企业年金与职业年金；②团体人寿保险；③商业健康保险。

员工服务分为：①员工帮助计划；②咨询服务；③教育援助计划；④儿童看护帮助；⑤老人护理服务；⑥饮食服务；⑦健康服务。

3. 福利管理存在的潜在问题及其新特点

福利管理存在的潜在问题：①企业和员工对福利认识不清；②福利成本压力增加；③福利的回报性不足；④福利缺乏灵活性和针对性。

福利管理的新特点：①弹性福利计划得到普遍应用；②更加重视福利与战略的匹配性。

三、拓展阅读

国企薪酬管理数字化实践

国有企业的薪酬管理改革一直是改革的重点和难点。在改革中，人力资源部门需要制定出符合企业发展战略的薪酬制度，同时还需要考虑到员工的利益和市场的竞争情况。除此之外，人力资源部门还需要制定出更加灵活的薪酬制度和中长期激励制度，以吸引和留住优秀的人才和一线岗位的员工。这些改革措施需要人力资源部门深入了解市场和企业的实际情况，同时也需要他们具备创新思维和灵活应变的能力，以应对各种挑战和变化。随着信息技术的发展，越来越多的国企借助数字化系统开展薪酬管理，从而更精确地了解市场薪酬水平和内部薪酬分布，为制定差异化的薪酬制度提供数据支持。

中国核建：数字化转型之路

薪资管理在中国核工业建设股份有限公司（简称"中国核建"）一直是一个复杂而敏感的问题。由于下属单位众多，地域分布广泛，各单位都有自己的薪酬制度和薪酬类型，这给总部的统一管理带来了很大的挑战。过去，每次总部需要统计薪酬总量或做结构分析时，只能通过下发 Excel 表的方式进行，既耗时又容易出错。

为了解决这一问题，中国核建决定引入数字化系统来规范化薪资管理。通过数字化系统，总部统一制定了规范的薪酬发放科目，大大简化了原有的四五百项工资科目，仅保留了七十多项。这不仅提高了薪酬核算的准确性，还使得整个集团的薪酬结构更加清晰、简洁。

但中国核建也意识到，完全的标准化可能会忽视下属单位的个性化需求。因此，在统一的薪酬科目下，他们允许各单位根据自身实际情况设置个性化的薪资类别。这样既保证了集团的规范性，又满足了下属单位的实际需要。特别是对于 7 家独立部署的单位，他们可以自主控制自己下级单位的薪酬发放体系，确保每一分钱都能准确、及时地发放到员工手中。

此外，中国核建还特别开发了手机端薪酬查看功能。这一功能使得各级领导可以随时随地查看薪酬情况，进行业务办理和员工信息查询等操作。通过手机端，领导们可以直观地看到整体的人力结构、工资总额、人工成本以及"五险两金"等关键数据，为决策提供了有力支持。

总的来说，数字化系统的引入为中国核建的薪资管理带来了巨大的变革。通过规范化和个性化相结合的方式，中国核建成功地解决了薪资管理的问题，为公司的快速发展提供了有力的人力资源保障。

首创集团：多业务账套下的精细化薪酬管理

北京首都创业集团有限公司（简称"首创集团"）作为一家多元化的大型企业集团，在薪酬管理上面临着诸多挑战。随着业务的不断扩展和组织结构的日益复杂，传统的薪酬管理模式已无法满足集团高效运营的需求。为此，首创集团决定采用先进的信息技术手段，建立一个集中、精细化的薪酬管理系统，以提升薪酬管理的效率和准确性。

首创集团在系统内建立了多个业务账套，包括社保、公积金、企业年金、月度工资、年终奖金等。这些账套能够准确、快速地计算各项社会保险费用和个税数据，确保了薪酬发放的准确性和合规性。同时，系统还支持社保、公积金、企业年金的核定，以及薪资调整和减员停薪等业务的办理，大大提高了工作效率。

当员工在集团内部调动时，系统能够自动引入社保数据和薪资变动数据，计算出实发工资。此外，系统还可以导出薪酬相关的报表，为管理层提供决策支持。更为重要的是，首创集团通过系统实现了薪酬总额的控制，可以实时查看本年度的工资发放进度，进行总额的强弱管控，确保了薪酬管理的合理性和可控性。

首创集团通过建立多业务账套支持的薪酬精细化管理系统，不仅提高了薪酬管理的效率和准确性，还为管理层提供了有力的决策支持。这一创新举措充分体现了首创集团在人力资源管理方面的前瞻性和创新性，为集团的持续发展奠定了坚实基础。

日照港集团：以业务为导向的薪酬管理大平台

日照港集团有限公司（以下简称"日照港集团"）作为国内领先的港口企业，一直致力于提升管理效率和服务质量。在薪酬管理方面，日照港集团深知传统的手工操作方式已无法满足现代企业管理的需求，因此决定打造一个以业务为导向的薪酬管理大平台，以提高薪资管理的效率和准确性。

在系统启用之前，日照港集团的薪酬管理流程繁琐且低效。人力资源部门每月需要向各个单位下发纸质的人员调动通知单和工资变动通知单。各单位根据这些通知单确定员工的薪资基数，并在 Excel 表格中进行核算。最后，各单位将电子表格提交给财务部门，由财务部门负责发放工资。这一过程不仅周期漫长，而且容易出错，给员工和企业带来了很大的不便。

为了解决这些问题，日照港集团决定引入一套全新的薪酬管理系统。该系统采用先进的信息技术手段，实现了薪资、保险、年金变动的线上审批、核算、发放、统计与归档。这样一来，业务人员可以快速、准确、便捷地完成业务处理，真正体验到信息系统带来的方便。

自系统上线以来，经过长时间的反复磨合，薪酬保险管理业务运行逐渐顺畅。员工人事异动流程审批完成后，薪资管理人员便可在流程表单中获取人员变动名单和原始工资数据。审批完成后，系统自动更新或添加相应的工资数据。这一改革解决了以往依据纸质表单审批所带来的诸多问题，如跨部门、人员间数据传递与更新不及时、不准确等。同时，新系统还实现了数据变动可回溯和有据可查，大大提高了薪酬管理的透明度和可信度。

除了提高薪酬管理的效率和准确性外，新系统还为管理层提供了有力的决策支持。通过对大量薪酬数据的分析和挖掘，管理层可以更好地了解员工的工资状况、福利待遇等方面的信息，从而制定更加合理的薪酬政策和激励措施。此外，新系统还为员工提供了一个便捷的自助服务平台，员工可以通过该平台查询自己的工资、保险、年金等信息，提高了员工的满意度和忠诚度。

日照港集团通过引入先进的薪酬管理系统，成功实现了薪酬管理的信息化、智能化和精细化。这一创新举措不仅提高了企业的管理效率和服务质量，还为员工提供了更好的工作体验和发展机会。在未来的发展过程中，日照港集团将继续深化薪酬管理改革，为企业的持续发展注入新的活力。

四、思政专栏

辩证思维：承认矛盾、分析矛盾、解决矛盾，善于抓住关键、找准重点、洞察事物发展规律的思维方式。这种思维方法就是以事物之间是运动的并普遍存在联系为出发点，进而感知世界、认识世界，通过思考得到某种结论。

拜金主义：所谓拜金主义，就是盲目崇拜金钱、把金钱看作最高价值，一切价值都要服从于金钱价值的思想观念和行为。

【钱学森：国为重，家为轻；科学最重，名利最轻】

中华人民共和国成立以来，特别是党的十八大以来，我国科技事业实现了中华民族历史上最快的发展和最大的跨越，我们比历史上任何时期都更接近中华民族伟大复兴的目标。这得益于党和国家为科技发展绘制的清晰蓝图，更归功于一代接一代怀揣科技报国志向的科学家们，坚贞不渝地将科学研究与国家前途、民族和人民事业紧紧联系在一起，干惊天动地事，做隐姓埋名人。

钱学森在人生最顺利、最高光的时刻，毅然选择回到一穷二白的祖国。在新中国航天科技的星空上，钱学森无疑是一颗最闪亮的"星"。他对中国火箭、导弹和航天事业的发展作出不可磨灭的巨大贡献，心系国家和人民，为了中华民族鞠躬尽瘁，死而后已，钱学森活成了一座时代的丰碑。

1991年，中央军委授予钱学森"国家杰出贡献科学家"荣誉称号和"一级英雄模范奖章"。那年，全国掀起了学习钱学森的高潮，但让人没想到的是，铺天盖地的宣传令钱学森大为恼火。他的秘书涂元季回忆："有一天，我正在办公室忙得不可开交，接着一个又一个电话时，钱老很不高兴地推开房门，说，'你怎么还在忙呀？我们办任何事情，总要有个度。这件事情（指对他的宣传报道）也要适可而止。这几天报纸上天天说我的好话，我看了心里都很不是滋味。难道就没有不同意见？不同声音？……请你立即给一些报纸杂志打电话，叫他们把宣传钱学森的稿子都撤下来。'"

1992年，"五一"节前夕，中华全国总工会通知钱学森办公室说，已经通过钱学森为全国劳动模范的表决，请老人出席表彰大会。当秘书把消息告诉钱学森时，钱学森说："请他们不要如此。党和国家给我的荣誉已经很高了，不要把荣誉堆到一个人头上，务必将这一荣誉授予别人，以便调动大家的积极性。"

钱学森是我国的导弹专家、航天之父。但是，对于"导弹之父""航天之父"这些称呼，钱学森曾多次说明，他不同意这些称呼。他常说，自己是在导弹、航天这样的科学工程中恰逢其时地做了一点事情，仅此而已。晚年的钱学森即便是卧床不起，依然心系国家航天事业、科技事业、教育事业等，他把毕生精力全部报效给了祖国！在钱学森的心里，国为重，家为轻；科学最重，名利最轻。

五、实战演练

【实战演练一】

近期，某公司的人力资源部对同行业的员工福利状况进行了一次调查。调查显示：就每个月用于员工的人均福利待遇而言，该公司位于同行业的中上等水平。但考虑到现在行业的激烈竞争和高流动率，为了增强公司的凝聚力和吸引力，人力资源部认为，提高员工的福利待遇是一项有力的激励措施。因此，他们提出了一项增加员工福利的计划，也就是将现在的人均福利待遇从1 000元/月提高到1 500元/月的水平，但并不确定该计划是否可行。另外，员工对福利的发放类型存在较大争议，认为形式不够多样。为此，公司决定外聘人力资源专家团队对公司福利现状进行诊断，希望找出问题并解决所发现的问题。专家通过调研发现，提高人均福利待遇到1500元/月的水平，可以较好地激励和保留核心员工，并且公司财力可以承受，也不会影响公司的中长期盈利，因此是可行的。此外，在福利发放形式方面，可以通过提供福利项目的"菜单"由员工自由选择，满足员工不同的需求，最大限度地调动员工的积极性。

根据以上资料，回答下列问题：

1. 公司考虑提高员工的福利待遇，其依据的福利计划特征是_____。

　　A. 灵活性　　　　　　　　　　B. 竞争性

　　C. 可操作性　　　　　　　　　D. 特色性

2. 将人均福利待遇提高到1500元/月的可行性方面，专家提出的解决方案主要遵循的福利计划特征是_____。

　　A. 亲和性　　　　　　　　　　B. 灵活性

　　C. 成本效能　　　　　　　　　D. 特色性

3. 专家提出的方案中，该公司应采取的福利计划是_____。

　　A. 员工服务计划　　　　　　　B. 企业健康保险计划

C. 企业年金计划　　　　　　　　　D. 弹性福利计划

4. 专家所提出的福利计划具体的实施方式可包括＿＿＿＿＿＿。

    A. 在不降低原有薪酬水平和福利水平的条件下，提供给员工一张特殊的信用卡以自行购买福利

    B. 为员工提供一系列企业认为所有员工都必须拥有的福利项目的福利组合，员工可根据自己的偏好选择，或者提高一种核心福利项目的保障水平

    C. 员工可以按自己的意愿在企业提供的福利领域中决定每种福利的多少，并可突破总福利水平

    D. 企业为员工提供一些标准的福利项目组合，员工可自由选择不同组合，但不能自行构建福利组合

【实战演练二】

    某科研单位由于体制转轨开始面向市场，单位原来实行的工资体系也因此受到冲击。科研人员对目前的收入极其不满，认为既不具备内部公平性，也不具备外部竞争性。鉴于以上情况，单位领导请来专家小组，对此进行诊断并提出相应对策。专家小组对单位内部工作岗位进行了重新评价，依据评价结果和市场薪资状况建立了薪资等级，并为每一薪资等级设置了薪酬变动范围，专家组还建议单位为员工提供培训机会、晋升机会、舒适便利的工作环境等，以激发员工的工作热情。

    根据以上资料，回答下列问题：

1. 专家小组确定薪酬等级数量及级差可采取的方法有＿＿＿＿＿＿。

    A. 变动级差法　　　　　　　　　B. 恒定差异比率法

    C. 恒定绝对级差法　　　　　　　D. 宽带定价法

2. 下列关于薪酬变动范围与薪酬变动比率的说法，正确的是＿＿＿＿＿＿。

    A. 薪酬变动范围是某一薪酬等级内部允许薪酬变动的最大幅度

    B. 薪酬变动比率是指同一薪酬等级内部最高值与最低值之差与最低值之间的比率

    C. 薪酬变动比率的大小取决于特定职位所需的技能水平等综合因素

    D. 薪酬变动比率是指同一薪酬等级内部最高值与最低值之差

3. 完整的薪酬结构包括＿＿＿＿＿＿。

    A. 宽带薪酬

    B. 薪酬等级的数量

    C. 同一薪酬等级内部的薪酬变动范围

    D. 相邻两个薪酬等级之间的交叉和重叠关系

4. 提供培训机会、晋升机会、舒适便利的工作环境等作为薪酬的一个组成部分，属于＿＿＿＿＿＿。

    A. 经济薪酬　　　　　　　　　　B. 福利

    C. 基本薪酬　　　　　　　　　　D. 非经济薪酬

六、技能训练

（一）单项选择题

1. ＿＿＿＿＿是薪酬系统中与绩效直接挂钩的经济性报酬，有时也称为浮动薪酬或奖金。

    A. 基本薪酬   B. 可变薪酬

    C. 津贴和补贴   D. 股权计划

2. ＿＿＿＿＿是一种最简单的职位评价方法，它根据总体上界定的职位的相对价值或者职位对于组织成功的潜在贡献，对职位进行从高到低的排列。

    A. 排序法   B. 分类法

    C. 要素计点法   D. 要素比较法

3. 实行＿＿＿＿＿的组织往往支付比市场平均水平高很多的薪酬。

    A. 拖后策略   B. 市场追随策略

    C. 薪酬领先策略   D. 成本导向策略

4. 通常情况下，技能水平要求较低的职位所在的薪酬等级变动比率要＿＿＿＿＿一些，而所需的技能水平高的职位所在的薪酬等级的变动比率要＿＿＿＿＿一些。

    A. 小、大   B. 大、大

    C. 小、小   D. 大、小

5. ＿＿＿＿＿是员工实际获得的基本薪酬与相应薪酬等级的中值或者中值与市场平均薪酬水平之间的关系。

    A. 基本薪酬变动范围   B. 薪酬区间

    C. 比较比率   D. 变动比率

6. ＿＿＿＿＿是一种运用最为广泛的奖励计划，薪酬直接根据产出数量而发生变化。

    A. 直接计件工资计划   B. 差额计件工资计划

    C. 利润分享计划   D. 收益分享计划

7. 对单项高水平绩效表现给予一次性的现金或者其他实物性奖励，属于＿＿＿＿＿。

    A. 绩效加薪   B. 一次性奖金

    C. 成功分享计划   D. 特殊绩效认可计划

8. 长期绩效薪酬是指绩效衡量周期在＿＿＿＿＿年以上的，对既定绩效目标的达成提供奖励（主要是以股票的形式）的计划。

    A. 0.5   B. 1

    C. 3   D. 5

9. 失业保险金的标准，按照＿＿＿＿＿当地最低工资标准、＿＿＿＿＿城市居民最低生活保障标准的水平，由省、自治区、直辖市人民政府确定。

    A. 高于、低于   B. 高于、高于

C. 低于、低于 D. 低于、高于

10. 在我国，国庆节公司给劳动者安排工作，需支付不低于工资_____的工资报酬。

A. 100% B. 150%

C. 200% D. 300%

（二）多项选择题

1. 任何组织在开展薪酬管理活动时，通常都需要在_____方面进行决策。

A. 薪酬体系 B. 薪酬水平

C. 薪酬结构 D. 薪酬管理政策

E. 薪酬结构设计

2. 我国的社会保险包括_____。

A. 基本养老保险 B. 基本医疗保险

C. 工伤保险 D. 失业保险

E. 生育保险

3. 以下选项中，属于群体绩效薪酬的是_____。

A. 股票所有权计划 B. 利润分享计划

C. 收益分享计划 D. 成功分享计划

E. 特殊绩效认可计划

4. 总薪酬也称全面薪酬，包括_____。

A. 基本薪酬 B. 可变薪酬

C. 津贴和补贴 D. 股权计划

E. 福利或服务

5. 下列选项中，属于非量化职位评价方法的是_____。

A. 排序法 B. 分类法

C. 要素计点法 D. 要素评价法

E. 海氏评价法

（三）判断题

1. 薪酬、福利、宽大的办公室等属于内在报酬。 （ ）

2. 薪酬是总报酬的一个重要组成部分，也是组织调动员工工作积极性的重要手段之一。 （ ）

3. 排序法要求评价者对需要评价的职位内容相当熟悉，否则就不可能做出准确的判断。 （ ）

4. 商业性薪酬调查是由专业协会针对薪酬状况所进行的调查。 （ ）

5. 拖后策略对于吸引高质量员工来说是非常有利的。 （ ）

6. 通常任职时间比较长、绩效比较好的员工的薪酬比较比率要比新进员工的薪酬比较比率低。 （ ）

7. 在同一组织中，相邻薪酬等级之间的薪酬区间既可以设计成有交叉重叠的，也可以设计成无交叉重叠的。　　　　　　　　　　　　　　　　　　　（　　）

8. 收益分享计划的基础是个人绩效而不是群体绩效，并且这种个人绩效通常是一种短期的个人绩效。　　　　　　　　　　　　　　　　　　　　　　（　　）

9. 长期绩效薪酬对于新兴的风险型高科技企业的作用是非常明显的。（　　）

10. 在我国，职工个人不缴纳工伤保险费，但需缴纳生育保险费。（　　）

（四）名词解释

1. 总薪酬
2. 薪酬管理
3. 薪酬调查
4. 薪酬水平
5. 绩效薪酬

（五）简答题

1. 简述薪酬管理的作用。
2. 简述福利对于员工的价值。
3. 简述绩效薪酬的种类。
4. 简述薪酬结构的内容。
5. 简述薪酬管理体系的公平性要求。

（六）论述题

1. 试述职位评价四种方法的优缺点。
2. 试述股票所有权计划的类型及其发展趋势。

（七）案例分析题

京东员工关怀：全方位的幸福保障

20 年，京东集团股份有限公司（简称"京东"）从三尺柜台成长为净收入突破 1 万亿的世界 500 强企业，55 万京东人既是参与者、贡献者，也是公司发展的直接受益者。京东坚持"先人后企"，始终将员工当作最宝贵的财富，始终把员工的事挂在心上、落到实处，不计成本建立健全多维度的企业福利体系，让员工日子过得更加美好；员工也成为京东事业发展的基石，推动京东由一个只有几十人的小微型企业，蜕变为拥有超 55 万名员工的新型实体企业，持续为用户、行业、社会贡献着越来越大的价值。

"五险一金"，生活有保障

郭磊，出生在农村，从小就体会到了生活的不易。成年后，他离开了家乡，来到了繁华的大都市上海，希望能找到一份稳定的工作，改善自己和家人的生活条件。在加入京东之前，郭磊的职业道路颇为曲折。他曾在一家公司担任财务工作，但那份工作并没有给他带来预期中的稳定和安全感。随后，他又转行做起了行政工作，虽然收入尚可，但工作的单调和缺乏发展前景让他感到沮丧。他还尝试在其他快递公司做过快递员，但由于福利待遇不佳，始终让他感到不踏实。

直到2011年，郭磊加入了京东快递上海同乐营业部，开始了他的京东生涯。在这里，他不仅找到了一份稳定的工作，更重要的是，京东为一线员工提供的"五险一金"和其他福利让他感到前所未有的安心。他知道，无论发生什么，公司都会在他背后提供支持。在京东工作的近12年里，郭磊见证了公司的飞速发展，也感受到了公司对员工的深切关怀。他的努力和忠诚也得到了公司的认可，成为团队中不可或缺的一员。

如今，已经退休的郭磊每个月可以领取三四千元的退休金，这让他的生活无忧。虽然退休金的数额并不算高，但对于郭磊来说，这份来自京东的关怀比金钱更加珍贵。他说："在京东工作这么多年，我最深的感受就是踏实。公司不仅为我们提供了良好的工作环境，还为我们的未来考虑，这是我在其他快递公司从未有过的体验。"

在京东，80%的一线员工来自农村，京东物流2022年一线员工薪酬及福利支出达446亿元，京东始终重视员工特别是一线员工的福利待遇，坚持为他们提供"五险一金"和商业保险，努力为每一位员工提供施展才干和实现梦想的舞台，努力成为让所有员工有归属感、幸福感的企业。

雪中送炭，织牢安全网

杨鹏飞，一个在京东大家庭中默默付出的普通员工，2012年加入了这个大家庭，从此开始了他的职业生涯。他勤劳肯干，深受同事们的喜爱。然而，命运却在2021年给他开了一个残酷的玩笑。

那一年的体检，杨鹏飞被诊断出患有骨髓增生异常综合征。面对这个突如其来的疾病，杨鹏飞和家人都陷入了巨大的困境。治疗这种疾病需要进行骨髓移植手术，费用高昂，这对于本不富裕的家庭来说，无疑是一个巨大的经济压力。然而，生活总是充满了希望。在杨鹏飞最需要帮助的时候，京东伸出了援手。公司得知杨鹏飞的病情后，迅速为他申请了"员工救助基金"。这是一笔专门用于救助困难员工的基金，旨在为员工提供经济上的支持，帮助他们渡过难关。

经过一系列的审批流程，2022年1月29日，杨鹏飞收到了来自京东的52万元救命钱。这笔款项不仅缓解了杨鹏飞家庭的经济压力，更为他带来了生的希望。这不仅仅是金钱的援助，更是京东对每一位员工的深深关怀和守护。杨鹏飞感慨地说："京东就像我的家一样，在我最需要帮助的时候，给了我最温暖的守护。"他表示，这笔救助金不仅用于治疗疾病，更是他与家人未来生活的希望。

在京东这个大家庭里，像杨鹏飞这样的员工还有很多。他们默默地付出，为这个家庭带来了温暖和力量。而京东也始终坚持为员工提供全方位的关怀和保障，努力成为员工最坚实的后盾。2010年，京东建立"员工救助基金"，用于缓解员工及直系亲属突遭意外或疾病时的燃眉之急。截至目前，已累计投入近亿元帮助数千名员工家庭渡过难关。2022年11月，京东宣布再投入1亿元大幅扩充该基金，确保每一个京东人都有坚强的后盾，确保员工在任何情况下都不会返贫。

春节补贴，值守也开心

艾永利，北京房山旭辉营业部的负责人，自2014年加入京东物流以来，已经度过了8个春节。对他来说，春节期间的值守已经成为一种习惯和责任。他说："春节期间，我们的工作量会比平时大很多。但看到顾客收到包裹时的喜悦，我们觉得一切都是值得的。"

除了法定加班费外，京东还为这些坚守岗位的员工提供了丰厚的福利。艾永利解释说："除了基本的加班费，公司还会给我们'不打烊红包''子女团聚补贴'，以及更加灵活的排班选择。"这些福利不仅是对他们工作的肯定，更是对他们付出的关怀。

"福利好，值守的兄弟们都很有干劲。"艾永利说。对于他来说，春节期间的值守不仅仅是一份工作，更是一种责任和使命。他深知，只有自己和同事们坚守岗位，才能确保每一个包裹都能及时送达。除了艾永利外，还有许多像他一样的京东小哥，他们选择留在公司，与家人团聚的机会换来的是消费者的安心和便利。他们的付出和坚守，成为京东物流高效运转的重要保障。

在京东，像艾永利这样的员工还有很多。他们默默地付出，为这个大家庭带来了温暖和力量。而京东也始终坚持为员工提供全方位的关怀和保障，努力成为员工最坚实的后盾。2013年起，京东物流在业内率先发起"春节也送货"，为了让春节留岗的一线员工踏实过年，京东物流推出"我在京东过大年"专项福利，迄今已累计投入超15亿元。为值守员工提供远高于国家法定标准的补贴，让他们过一个虽然匆忙但收获满满的温暖新年。

关怀成长，提升幸福感

宋国晖，一个普通的京东物流员工。30多年前，为了妹妹的学费，宋国晖毅然辍学，只身踏上了打工之路。只有初中学历的他，辗转多个城市，最终在京东物流找到了自己的归宿，成为一名汽车维修工。他勤勤恳恳，技术精湛，深受同事们的尊敬。

随着时间的推移，儿子宋海涛也长大成人，同样在京东找到了自己的事业。2014年，京东推出"我在京东上大学"项目，支持一线员工深造，为成绩优异、家庭困难员工提供助学金。这个项目为像宋国晖这样的基层员工提供了提升自己的机会，让他们能够在繁忙的工作之余，充实自己，提升技能。宋国晖在得知这个项目后，毫不犹豫地告诉儿子，他说："这是一个难得的机会，我们不能错过。只要我们努力，就一定能够成功。"在父亲的鼓励下，父子一起报名参加。

经过两年半的努力学习，宋国晖和宋海涛都顺利毕业，获得了中国人民大学的毕业证书。拿到毕业证的那一刻，父子俩都流下了激动的泪水。宋国晖感慨地说："我这辈子虽然没有走进大学校园，但能够在京东圆我的大学梦，我感到非常幸福。"而宋海涛也深知，这个证书不仅仅是自己的荣誉，更是父亲多年来坚守和付出的回报。如今，父子俩既是亲密无间的父子，也是并肩作战的同事，更是共同成长的大学同学。

在京东这个大家庭里，像宋家父子这样的员工数不胜数。他们或许没有高学历，但都怀揣着一颗追求知识和进步的心。正是有了"我在京东上大学"这样的项目，他们才有了提升自己的机会，实现了自己的"大学梦"。通过"我在京东上大学"项目提供的支持，目前已有约5 000名员工在京东圆了"大学梦"，2 000余人已获得更高文凭，该项目也成为京东助力高质量就业的一个缩影。

居有所居，安居更乐业

2012年，王红卫作为一名普通的打包员加入了京东，开始了自己的职业旅程。在物流园区，他总是第一个到达工作岗位，最后一个离开，他的努力和执着很快就得到了认可。随着时间的推移，他不仅掌握了物流打包的技能，还逐渐了解了整个物流运作的流程。他的领导能力和对工作的热情使他从一名普通的打包员成长为了物流园区的负责人，负责监督和管理整个园区的物流运作。

然而，王红卫的梦想并不仅限于职业上的成功，他也希望能够为自己的家庭提供一个稳定舒适的环境。他了解到，公司于2012年就推出了"安居计划"，京东为符合条件的员工提供了购房贷款的支持，帮助他们在指定地区内购买首套房，缓解了他们的经济压力。

2020年，王红卫决定利用"安居计划"来实现自己的住房梦想。他在郑州购买了一套房子，终于有了自己的家。这个家不仅是他多年辛勤工作的回报，也是他对未来的一份投资。他知道，有了稳定的住所，他可以更好地专注于工作，也可以为家人提供更好的生活条件。

京东的"安居计划"自2012年推出以来，已经投入了近20亿元，帮助超过2500名员工实现了安居目标。2022年11月，京东投入100亿将该福利迭代为"住房保障基金"，员工购置家庭首套房可申请最高百万元贷款额度的贴息支持。2023年5月4日，"京东青年城"项目启动，已为员工提供近4000套可拎包入住公寓，遍布全国各个职场、物流园区，共有超2.5万套员工公寓。未来，随着"住房保障基金"和"京东青年城"等福利政策的实施，将会有更多的京东员工像王红卫一样，实现自己的住房梦想，拥有一个稳定而温馨的家庭。

问题：

1. 结合案例，谈一谈京东的员工福利具有怎样的特点。

2. 京东的员工福利对管理员工有怎样的积极作用？对你有什么启示？

七、参考答案及解析

第八章

员工关系管理

一、学习目标

（一）知识目标

1. 掌握员工关系管理的核心概念、基本原则及实施方法，深入理解其理论框架与体系。

2. 了解员工关系对企业运营与发展的重要性，以及其在提升组织绩效、增强团队凝聚力方面的作用。

3. 熟悉激励与奖励机制的理论基础，包括非物质与物质激励方式的具体内容及其对员工行为的潜在影响。

（二）能力目标

1. 能够准确理解员工关系管理理论并将其应用于实际情境中，解决企业内部的员工关系问题。

2. 具备高效沟通与协商的能力，能够妥善处理工作中的冲突与问题，营造积极向上、和谐共处的工作氛围。

3. 能够根据员工特点和企业需求，设计并实施有效的激励与奖励方案，以激发员工的工作热情和创造力，提升工作效率与满意度。

（三）素质目标

1. 培养高度的责任感和职业道德，确保在处理员工关系时始终维持企业利益与员工权益的平衡。

2. 强化团队协作精神与领导力，能够在跨部门合作中有效协调资源，促进员工关系的和谐与稳定。

二、知识体系

（一）员工关系概述

1. 员工关系的内涵及特征

（1）员工关系的内涵

员工关系是指基于工作过程，员工和企业组织间为完成工作目标建立的一种互动与制约的组织内部关系。这种关系以劳动法律关系为基础，以工作组织为载体，以书面及心理契约在内的雇佣契约为主要特征，表现为组织管理过程中的一种人际互动关系，具有法律层面含义和社会层面含义两种。法律层面含义是指双方因签订雇佣契约产生的权利义务关系，即法律关系；社会层面含义是指双方的人际、情感、道义等关系，即伦理关系。

（2）员工关系的特征

①员工关系存在于组织内部，但受到组织外部环境的深刻影响。员工关系并不是一个封闭的系统，其时刻受到劳动力市场变化、劳动法律法规调整、社会文化变迁等外部环境的影响，这些影响会直接或者间接使员工关系发生变化。

②员工关系具有复杂性和多变性。员工关系受到内外部环境的影响，因此随着内外部环境的复杂多变，员工关系也常常发生变化，其不是一成不变的。

③员工关系表现为冲突与合作两种形态。企业追求利润，而员工追求工资报酬，双方的利益不同，也导致矛盾的发生，为了得到双方均较为满意的结果就会形成冲突与合作这两种形态。这两种形态是一对矛盾，一般来说，会在员工系统中交替出现。

④从层级结构看，员工关系包括个别员工关系和集体员工关系。个别员工关系是员工关系中最直接和最一般的形态，是个体员工与管理方的关系。集体员工关系是员工团队为了维持或者改善员工劳动条件而产生的与管理方之间的互动关系，一般员工一方以工会等劳工组织为代表来介入员工关系的运行。

⑤员工关系主体间既有法律上的平等性，又有员工在管理上的从属性。员工在签订劳动合同时建立在双方独立自主的基础上，在劳动关系存续期间，双方处于平等地位。在员工关系运行期间，员工在劳动过程中要接受管理方的管理，服从指挥，承担相应工作职责。

⑥员工关系的内涵中法律性、经济性与社会性共存。企业与员工的雇佣关系以书面合同来确认，员工关系和谐共处的基础是双方互利共赢，获得经济效益，员工在获得经济利益后，也会获得归属感、成就感和满足感等，因此法律性、经济性与社会性并存。

2. 员工关系管理的内涵、特征及作用

（1）员工关系管理的内涵

员工关系管理指的是组织本着改善经营绩效和获取竞争优势的目的，对组织中涉及组织与员工、管理者与被管理者及员工之间的各种工作关系、利益冲突和社会关系进行协调和管理的制度、体系和行为的总称。

（2）员工关系管理的特征

①主要采用内部视角看待雇佣关系，强调由雇主来解决组织内部的劳动关系问题。

②在强调刚性制度的基础上，侧重倡导组织与其成员之间利益和关系的协调。

③从职能划分来看，员工关系管理是人力资源管理的一项基本职能。

④员工关系管理假设冲突可以通过管理实践减少乃至避免。

（3）员工关系管理的作用

①协调和改善组织内部人际关系。

②吸引并留住优秀员工。

③提升组织内部凝聚力。

④实现人力资源管理宏观与微观目标的契合。

⑤促进人力资源管理人本目标的实现。

⑥提升组织的核心竞争力。

3. 员工关系管理的法律基础

（1）员工关系管理的法律制度环境

与劳动和劳动关系直接相关的法律有《中华人民共和国民法典》《中华人民共和国劳动法》《中华人民共和国劳动合同法》。员工关系管理是一种权利义务关系的管理，雇主主要以工资、劳动者主要以劳动进行交换，形成利益交换产生的权利义务关系。对员工关系进行规范和调整的法律制度环境较为复杂，包括多种因素、层次和关系，这些法律制度和规则形成了复杂的员工关系管理的法律制度环境。

（2）员工关系管理的法律规范体系

①职能结构模式：我国劳动法律体系包括劳动标准法、劳动关系法、劳动保障法、劳动行政法四个类别的十三部相关法律。

②劳动过程结构模式：劳动法对员工关系管理从形成到结束的全过程进行法律干预，可设计为员工关系建立前、运行中及结束后的法律调整。

③员工关系管理法律规范的结构层次：劳动法可分为劳动基准规范、劳动合同规范、集体合同规范和劳动争议处理规范四个结构层次。

（二）员工关系管理的主要内容

1. 劳动合同管理

（1）劳动合同种类

①依据订立合同具体目的不同，可分为录用合同、聘用合同、借调合同、内部上岗合同、培训合同。

②依据同一份劳动合同上签约的劳动人数的不同，可分为个体劳动合同和集体劳动合同。

③依据劳动合同期限的不同，可分为固定期限劳动合同、无固定期限劳动合同、以完成一定工作任务为期限的劳动合同。

（2）劳动合同的内容

①劳动合同的必备条款：一是用人单位的名称、住所和法定代表人或者主要负责人。二是劳动者的姓名、住址和居民身份证或者其他有效身份证件号码。三是劳动合同期限。四是工作内容和工作地点。五是工作时间和休息休假。六是劳动报酬。七是社会保险。八是劳动保护、劳动条件和职业危害防护。

②劳动合同的约定条款：除规定必备条款外，用人单位与劳动者可以协商约定试用期、培训、保守商业秘密、补充协议和福利待遇等其他事项。

（3）劳动合同的订立

①劳动合同的订立原则：合法原则、公平原则、平等原则、自愿原则、协商一致原则及诚实守信原则。

②劳动合同的订立程序：用人单位提出劳动合同草案，劳动者若同意，则为承诺；若劳动者对劳动合同草案提出修改或补充意见，双方就要经过新的要约，就劳动合同的内容反复协商直到达成一致，统一意见后双方签字、盖章，劳动合同成立。

（4）劳动合同的续订与变更

①劳动合同的续订：劳动合同期满，若双方协商一致，可以续订劳动合同。需要注意的是续订劳动合同不得约定试用期。

②劳动合同续订的程序：用人单位发出续订意向→员工做出续订决定→双方协商确认后签订。

③劳动合同变更的条件：契约双方协商一致且客观情况发生重大变化。

（5）劳动合同的终止

①劳动合同终止的条件：劳动合同期满；劳动者开始依法享受基本养老保险待遇；劳动者死亡或者被人民法院宣告死亡或者宣告失踪的；用人单位被依法宣告破产；用人单位被吊销营业执照、责令关闭、撤销或者用人单位决定提前解散；法律、行政法规规定的其他情形。

②劳动合同终止的程序：提前预告→出具书面通知书→规定期限内办理手续→出具终止劳动合同证明。

（6）劳动合同的解除

①双方协商解除劳动合同

●特点：有适用范围广、法律风险小及用人单位提出解除要支付赔偿金。

●程序：发出协商解除要约→回应要约，做出承诺书→协商解除劳动合同事项→达成一致，签署协议→办理离职相关手续。

●协商解除与辞职的区别：一是辞职是员工单方解除劳动合同的行为，而协商解除是一种双方合意解除行为；二是协商解除和辞职涉及的用人单位需支付的经济补偿金不同，要根据实际具体情况而定；三是协商解除和辞职要经过的程序不同。

②用人单位单方面解除劳动合同：过失性解除、非过失性解除、经济性裁员。

③劳动者单方面解除劳动合同：提前通知解除、即时解除。

2. 纪律惩戒管理

（1）纪律惩戒管理类型

①预防性纪律惩戒管理：强调采用积极有效的激励办法，鼓励员工自律和努力上进。

②矫正性纪律惩戒管理：当员工出现违规行为时，为了阻止其违规行为继续发生，使其未来的行为符合标准规范而采取的管理措施。侧重惩戒，目的是改造违规者，防止类似行为扩大和再次发生。

（2）纪律惩戒管理程序

①确立纪律惩戒管理的目标

②拟定工作和行为规范

③与员工沟通目标与规范，说明规章制度的内容

④观察员工的表现并适时进行评估和反馈

⑤实际恰当的处罚，修正员工行为

（3）纪律惩戒管理实施要点

①规章制度内容合法

②规章制度经过民主程序制定

③规章制度向员工公示

3. 员工离职管理

（1）员工离职内涵与类型

①员工离职内涵：员工和组织间结束雇佣关系，员工离开原单位的行为。

②员工离职类型：从个人意愿来看，分为主动离职和被动离职；从法律来看，分为劳动合同解除和劳动合同终止；从员工关系管理来看，双方协商解除劳动合同和用人单位单方面解除劳动合同是实践中操作相对复杂、难度相对较大的离职类型。

（2）离职文案

离职类型与离职文案对应关系见表8-1。

表 8-1　离职类型与离职文案对应关系

离职类型	离职文案
协商解除劳动合同	《劳动合同解除协议书》
用人单位单方解除劳动合同	《劳动合同解除通知书》
员工单方解除劳动合同	《辞职通知书》
劳动合同终止	《劳动合同终止通知书》

（3）辞职面谈

①辞职面谈内涵：员工准备辞职或已经辞职后即将离开用人单位时，用人单位与员工进行的一种面对面的谈话。

②辞职面谈应注意的事项：把握辞职面谈的最佳时机；辞职面谈应真诚关怀，以员工为本。

③辞职面谈后，应注重后续工作，以凸显面谈价值。

4. 员工安全与健康管理

（1）员工安全管理的内涵与原则

内涵：组织为保障员工安全而开展的各项管理活动。

原则：

①安全第一，预防为主

②以管理为核心

③以人为本

（2）员工安全管理促进措施

①开展严格的员工安全培训

②做好安全教育和绩效考评

③建立安全事故保险

④设计多样的活动，营造安全管理氛围

（3）员工健康管理的内涵与意义

①员工健康管理内涵：对个人及人群的健康风险因素进行全面控制的过程，旨在增强社会健康意识、改善人群健康行为、提高个人生活质量等有计划、有组织的系统化的过程。

②员工健康管理意义：一是有利于提高组织绩效和组织生产力；二是有助于增强组织凝聚力，促进组织可持续发展；三是有利于提升组织形象和声誉。

（4）员工健康管理内容

世界卫生组织对健康的定义是没有疾病和不虚弱，包括身体、心理和社会适应性的良好状态。本章主要介绍员工的身体和心理健康管理。

（三）员工关系管理的工作方法

1. 组织文化建设

（1）组织文化的内涵与功能

①内涵：组织文化是指一个组织在长期的生存与发展中形成的某种有特色的文化积淀，包括该组织独特的价值观念、管理思想、传统习惯、群体意识和行为规范等。

②层面

器物层面（外显层）：反映与组织文化相关的物质层面。

制度层面（中间层）：组织的规章制度，是组织成员所遵守的行为规范。

精神层面（内隐层）：组织所奉行的生存哲学、目标追求、价值观念、基本信念和处事原则等。

③功能

一是导向功能，引导组织成员去实现组织目标。

二是约束功能，组织文化规范着组织成员的行为方式，有效协调组织内外的人际关系，为组织创造良好的生存环境。

三是凝聚功能，良好的组织文化可以把各种方面的力量凝聚起来，为实现同一目标而奋斗。

四是激励功能，激发组织成员的积极性。

（2）组织文化的建设步骤

①评估既存组织文化：组织目标、组织结构、决策方式、工作作风、报酬制度、员工士气、人际关系、外交态度、物质环境。

②进行组织文化整体设计：一是把握组织文化建设的基本原则，二是树立正确的组织价值观，三是设计实施方案。

③开展全员组织文化讨论：一是不断提高员工的参与程度，二是要充分重视沟通。

④形成组织文化建设的基本团队：保证组织文化建设工作的稳定性和系统性。

⑤创建组织文化：组织文化的内化、组织文化的外化、组织文化的习俗化及组织文化的社会化。

2. 员工参与管理

（1）员工参与管理类型

员工参与管理的类型一般分为直接参与和间接参与。直接参与强调激发员工个体的参与意识；间接参与指员工通过代表以集体的形式与管理方交涉，形式以集体的参与行为为主。

员工参与管理的内容主要包括：

①社会事务：企业员工福利及劳动条件等方面的事务。

②人事事务：企业内人事问题的相关决定。

③经济事务：企业生产、财务及销售等方面的事务。

参与内容的层次：一是仅听取报告的"假参与"，这是一种低层次的参与，在企业的社会事务方面有一定的参与权，但在人事和经济事务方面，企业对员工仅有报告企业营运情况的义务，员工也只有听取报告的权利；二是参与讨论的"部分参与"，相对于前一种参与的程度要高，员工除了对社会事务有较高的参与度外，对于企业人事和经济事务也有参与讨论、交换意见等权利，但员工在这些事务上的参与只限于影响决策，无法参与决策制定；三是共同决定的"完全参与"，这是最高层次的参与形式。

（2）员工参与管理形式

①职工代表大会制度

②厂务公开制度

③职工董事和职工监事制度

3. 工会参与协调

（1）作为员工利益代表，在员工关系运行和处理中依法维护员工合法权益

（2）推动员工民主参与，避免劳资矛盾

（3）发挥集体谈判机制作用，保障员工权利，促进企业与员工沟通

（4）开展互助互济活动，对困难员工群体进行帮扶

（5）积极介入，预防和处理劳动争议

三、拓展阅读

（一）员工关系管理的新趋势

随着社会的快速发展和技术的不断进步，员工关系管理也正在经历前所未有的变革。在这个过程中，有几个重要的趋势值得我们关注。

首先是数字化和社交媒体的崛起。如今，员工们更加活跃地使用社交媒体进行交流和互动，这对传统的员工关系管理方式提出了新的挑战。企业需要更加积极地利用社交媒体平台，与员工进行更加直接和有效的沟通。

其次是员工福利和健康管理的重要性增加。随着员工对福利和健康的需求的提高，企业需要更加重视这方面的管理。例如，提供更多的健身和健康检查福利，可以帮助企业吸引和保留更优秀的员工。

再次是多元化和包容性管理的兴起。随着员工队伍的多样化，企业需要更加注重员工的多样性和包容性管理。通过建立包容性的工作环境，企业可以更好地满足员工的需求，提高员工的满意度和忠诚度。

最后是员工参与和合作的重要性增加。在今天的工作环境中，员工参与和合作已经成为提高组织效率和创新能力的重要手段。企业需要更加注重员工的参与和合作，通过建立开放和共享的工作环境，激发员工的创新和创造力。

总的来说，随着社会的不断发展，员工关系管理也在不断演变。企业需要不断探索和创新，以适应新的变化和挑战，建立更加和谐、高效和有竞争力的员工关系。

（二）如何建立良好的员工关系

建立良好的员工关系是企业成功的关键之一。以下是一些实用的建议，帮助你营造积极、和谐的工作环境。

首先，有效的沟通是建立良好员工关系的基石。企业应该倾听员工的声音，了解他们的需求和期望。通过定期的反馈、开放的政策和透明的沟通渠道，企业可以与员工建立互信关系，共同解决问题和应对挑战。

其次，提供支持和发展机会是激励员工的关键。企业应该为员工提供必要的培训和发展机会，帮助他们实现个人和职业发展目标。同时，提供必要的资源和支持，可以帮助员工克服困难，提高工作效率和满意度。

再次，认可和奖励是建立良好员工关系的重要手段。通过设立奖励机制，对员工的优秀表现进行认可和奖励，可以激发员工的积极性和创造力。这种正向激励可以增强员工的归属感和忠诚度，提高企业的整体绩效。

最后，创造包容性和多元化的工作环境也是建立良好员工关系的重要方面。尊重员工的多样性，营造包容性的文化氛围，可以帮助企业吸引和保留各种优秀的人才。同时，这种包容性的工作环境也可以激发员工的创新思维，提高组织的适应性和竞争力。

总之，建立良好的员工关系需要企业持续的努力和实践。通过有效的沟通、支持和发展、认可和奖励，以及创造包容性和多元化的工作环境，企业可以与员工建立积极、和谐的关系，共同创造更大的价值。

四、思政专栏

【《中华人民共和国劳动合同法》重点条款解析】

《中华人民共和国劳动合同法》的立法目的在于保护劳动者的合法权益，追求劳资双方关系的平衡。中华人民共和国境内的企业、个体经济组织、民办非企业单位等组织（以下简称"用人单位"）与劳动者建立劳动关系，订立、履行、变更、解除或者终止劳动合同，都适用本法。

第三条，订立劳动合同，应当遵循合法、公平、平等自愿、协商一致、诚实信用的原则。依法订立的劳动合同具有约束力，用人单位与劳动者应当履行劳动合同约定的义务。

解析：

①签订劳动合同的前提是合法、公平、平等自愿、协商一致、诚实信用，非法签订的劳动合同无效；②依法订立劳动合同后，用人单位与劳动者都需要对劳动合同约定的内容履行各自的义务。

第四条，用人单位应当依法建立和完善劳动规章制度，保障劳动者享有劳动权利、履行劳动义务。在规章制度和重大事项决定实施过程中，工会或者职工认为不适当的，有权向用人单位提出，通过协商予以修改完善。用人单位应当将直接涉及劳动者切身利益的规章制度和重大事项决定公示，或者告知劳动者。

用人单位在制定、修改或者决定有关劳动报酬、工作时间、休息休假、劳动安全卫生、保险福利、职工培训、劳动纪律以及劳动定额管理等直接涉及劳动者切身利益的规章制度或者重大事项时，应当合理、合法，并且需要经过职工代表大会或者全体职工讨论，提出方案和意见，与工会或者职工代表平等协商确定。

第七条，用人单位自用工之日起即与劳动者建立劳动关系。用人单位应当建立职工名册备查。

解析：

要求用人单位建立职工名册备查是为了解决劳动者在发生劳动纠纷时举证困难，难以证明双方劳动关系的存续情况这一问题，有这个规定，发生纠纷时用人单位就负有举证义务了。

第九条，用人单位招用劳动者，不得扣押劳动者的居民身份证和其他证件，不得要求劳动者提供担保或者以其他名义向劳动者收取财物。

解析：

①用人单位招用劳动者，不得扣押劳动者的居民身份证、居民户口簿、毕业证、学位证、资格证、专业技能证书、职称评定证书等证件；②用人单位不得以保证金、

抵押金、培训费、服装费、纪律违约金等形式收取劳动者的费用，或者在劳动者离职后从工资中扣除上述费用。

第十条，建立劳动关系，应当订立书面劳动合同。已建立劳动关系，未同时订立书面劳动合同的，应当自用工之日起一个月内订立书面劳动合同。

解析：

从用工之日起，用人单位应当及时与劳动者签订书面劳动合同，最迟不超过一个月。超过一个月未签订书面劳动合同的，用人单位每月需支付双倍的工资。因此，用人单位应当改变观念，将上岗后再签合同转变为先签合同后上岗。注意：①"双倍工资"是从第二个月开始支付，劳动者最多可主张 11 个月的双倍工资；②在法定时效内，如单位拒绝支付双倍工资的，劳动者可以通过申请劳动仲裁来依法维权。

第十二条，劳动合同分为固定期限劳动合同、无固定期限劳动合同和以完成一定工作任务为期限的劳动合同。

解析：

固定期限劳动合同是指用人单位与劳动者约定合同起始、终止时间的劳动合同。用人单位自用工之日起满一年不与劳动者订立书面劳动合同的，视为用人单位与劳动者已订立无固定期限劳动合同。无论订立哪种合同，用人单位均需要在合法、公平、协商一致的前提下签订书面化的合同文本。

第十六条，劳动合同由用人单位与劳动者协商一致，并经用人单位与劳动者在劳动合同文本上签字或者盖章生效。劳动合同文本由用人单位和劳动者各执一份。

解析：

①签订劳动合同需要双方签字或者盖章方可生效。用人单位的法定代表人、代理人或者劳资主管人员签名，合同也可生效；②劳动合同文本一式两份，双方订立后用人单位必须给劳动者一份同样的劳动合同文本。

第十九条，劳动合同期限三个月以上不满一年的，试用期不得超过一个月；劳动合同期限一年以上不满三年的，试用期不得超过二个月；三年以上固定期限和无固定期限的劳动合同，试用期不得超过六个月。

同一用人单位与同一劳动者只能约定一次试用期。

以完成一定工作任务为期限的劳动合同或者劳动合同期限不满三个月的，不得约定试用期。试用期包含在劳动合同期限内。

劳动合同仅约定试用期的，试用期不成立，该期限为劳动合同期限。

解析：

①无论劳动者岗位调整还是用人单位法人更换，同一用人单位与同一劳动者只能约定一次试用期；②非全日制用工不得约定试用期；③试用期也需要签订劳动合同；④试用期约定需要依据上述法条进行。

五、实战演练

【实战演练一】

工程师小李在一家高科技企业上班。一天，小李收到公司人力资源部的邮件，说他上月考勤全部为迟到，依据公司奖惩制度，给予其严重警告，并扣发上月绩效工资6 000元，只保留底薪3 500元。他连忙去找人力资源部经理，说他理解的公司文化是鼓励员工采取弹性工时、干好本职工作即可，所以他一直都是上午10点到单位，但经常在家里加班，以前也没有扣过工资。而且他从来不知道公司有奖惩制度，不知者无过。但是，人力资源部经理说公司的新规定已经在公司内网上挂了两个月了。小李后来了解到，公司的考勤和奖惩新规定确实在内网首页上登载过，但很快就淹没在其他通知里了。

根据以上材料，回答下列问题：

1. 下列关于该公司的考勤及奖惩制度的说法，正确的是_____。
   A. 该制度具有法律效力，因为已经公示了，尽到了告知义务
   B. 该制度不具有法律效力，因为没有通过民主程序，也没有尽到对员工的普遍告知义务
   C. 该制度具有法律效力，对员工考勤并进行相应奖惩是企业管理者的基本权利
   D. 该制度不具有法律效力，弹性工时制的劳动者有决定何时劳动的权利

2. 该公司的奖惩机制存在的问题在于_____。
   A. 没有明确奖惩对象　　　　　B. 未能注意奖惩的及时性
   C. 奖惩方式不合理　　　　　　D. 未能实现奖惩标准的规范化

3. 该公司的考勤管理应该注意_____。
   A. 考勤的流程应符合劳动法的规定
   B. 人力资源部门要及时做好相关文件的归档工作
   C. 做好考勤监督，避免员工代人打卡现象发生
   D. 将考勤结果严格保密

4. 小李主张自己权利的正确方式是_____。
   A. 辞职
   B. 向公司高层申诉
   C. 通过不去公司上班来表达不满
   D. 向部门经理反映情况并由部门经理与人力资源部协商解决

【实战演练二】

2015年7月1日，王某初次就业，进入甲公司工作，至2019年12月31日劳动合同终止。2020年1月1日，王某与乙公司建立劳动关系，在乙公司工作至2023年7月

10 日。王某在乙公司工作期间，乙公司未安排王某享受带薪年休假，也未向王某支付应休未休年休假工资。王某向劳动争议仲裁委员会提出仲裁申请，要求乙公司支付其 2022 年和 2023 年应休未休年休假工资。乙公司认为，王某在其公司工作期间请病假累计 1 个多月，不应享受带薪年休假待遇，请求劳动争议仲裁委员会驳回王某的仲裁申请。

根据以上资料，回答下列问题：

1. 王某可以享受的 2022 年度带薪年休假是_____天。

 A. 5   B. 10

 C. 15   D. 20

2. 下列关于王某在乙公司工作期间能否享受带薪年休假的说法，正确的是_____。

 A. 王某已连续工作 1 年以上，应享受带薪年休假待遇

 B. 王某在乙公司工作期间累计请病假超过 1 个月，不应享受每年的带薪年休假待遇

 C. 根据国家规定，乙公司应安排王某享受 2023 年带薪年休假

 D. 王某在乙公司工作期间是否能享受带薪年休假，应与其公司协商确定

3. 如果王某在甲公司工作期间应享受带薪年休假，则其可享受的年休假天数是_____天。

 A. 10   B. 9

 C. 6   D. 5

4. 下列关于王某累计请多长时间病假后不能享受带薪年休假的说法，正确的是_____。

 A. 按照王某累计工作年限，累计请病假 1 个月以上，不享受当年带薪年休假

 B. 按照王某累计工作年限，累计请病假 2 个月以上，不享受当年带薪年休假

 C. 王某在乙公司工作期间，累计请病假达到 1 个月，不再享受当年带薪年休假

 D. 王某在乙公司工作期间，累计请病假天数超过应休年休假天数时，不再享受当年带薪年休假

六、技能训练

（一）单项选择题

1. 用人单位单方解除劳动合同应该写_____文案。

 A. 劳动合同解除协议书   B. 劳动合同解除通知书

 C. 辞职通知书   D. 劳动合同终止通知书

2. 员工安全管理的原则，即劳动保护工作的方针与原则不包括_____。

 A. 以利益为本   B. 安全第一，预防为主

 C. 以管理为核心   D. 以人为本

3. 组织文化的层次不包括_____。

    A. 制度层面   B. 精神层面

    C. 器物层面   D. 浅表层次

4. 下列选项中，_____不属于劳动合同中的约定条款。

    A. 试用期条款   B. 培训条款

    C. 劳动合同期限条款   D. 保守商业秘密条款

5. 用人单位单方面解除劳动合同的类型不包括_____。

    A. 过失性解除   B. 非过失性解除

    C. 经济性裁员   D. 直接解除

6. 劳动者单方面提前通知解除劳动合同，需要提前_____以书面形式通知用人单位，可以解除劳动合同。

    A. 15 日   B. 30 日

    C. 60 日   D. 90 日

7. 组织的员工心理健康管理方案不包含_____。

    A. 提高员工的心理健康水平

    B. 重视员工能力的开发

    C. 对员工的心理健康进行必要的辅导和跟踪

    D. 创造科学舒适的工作环境

8. _____不作为员工参与管理的主要形式。

    A. 职工代表大会制度   B. 厂务公开制度

    C. 职工参议制度   D. 职工董事和职工监事制度

9. 劳动合同的条款分为必备条款和约定条款，下列属于必备条款的是_____。

    A. 试用期   B. 社会保险

    C. 补充保险   D. 福利待遇

10. 下列是促进人力资源管理人本目标实现的是_____。

    A. 提升员工工作满意度   B. 激发员工工作热情

    C. 提倡民主管理和员工自我管理   D. 建立和谐的组织内部人际关系

（二）多项选择题

1. 下列选项中，_____属于员工关系管理的主要内容。

    A. 员工培训与发展   B. 员工安全与健康管理

    C. 劳动合同管理   D. 员工离职管理

    E. 纪律惩戒管理

2. 员工关系内涵中，_____特性共存。

    A. 法律性   B. 从属性

    C. 经济性   D. 制约性

    E. 社会性

3. 员工关系的作用有_____。

    A. 协调和改善组织内部人际关系   B. 吸引并留住优秀员工

C. 提升组织核心竞争力　　　　D. 制约人力资源管理人本目标的实现

E. 提升组织内部凝聚力

4. 劳动合同订立原则包括_____。

A. 真实原则　　　　　　　　　B. 自愿协商原则

C. 合法原则　　　　　　　　　D. 公平平等原则

E. 诚实信用原则

5. 组织文化的功能包括_____。

A. 导向功能　　　　　　　　　B. 强制功能

C. 凝聚功能　　　　　　　　　D. 约束功能

E. 激励功能

（三）判断题

1. 员工关系是一种以管理者为主体和出发点的企业内部关系，它是一个封闭的系统。
（　　）

2. 现代纪律惩戒管理不强调"改变员工行为"，根据其功能和作用，划分为预防性和矫正性纪律惩戒管理两类。
（　　）

3. 冲突与合作是员工关系中的一对矛盾，在员工关系系统运行中只会出现其中一种。
（　　）

4. 员工关系最直接和最一般的构成形态是个别员工关系。（　　）

5. 最低层次的员工参与是共同决定的完全参与。（　　）

6. 从职能划分上看，员工关系管理是人力资源管理的一项基本职能。（　　）

7. 员工关系管理主要采用外在的视角看待雇佣问题。（　　）

8. 员工关系管理在强调刚性制度的基础上，更侧重倡导劳资之间的利益和关系协调。
（　　）

9. 员工关系的内涵中包括的属性有从属性。（　　）

10. 员工关系管理假设冲突是可以避免的，并可以通过管理实践减少冲突。
（　　）

（四）名词解释

1. 员工关系管理
2. 员工健康管理
3. 组织文化
4. 员工离职
5. 矫正性纪律惩戒管理

（五）简答题

1. 简述员工关系管理的特征。
2. 简述员工关系管理的主要方法。

3. 简述员工关系管理的作用。

4. 简述劳动合同的种类。

5. 简述员工安全管理的促进措施。

（六）论述题

1. 论述员工关系管理在现代企业中的重要性及其对企业长远发展的贡献。

2. 分析当前企业在员工关系管理中面临的挑战，并提出相应的解决策略。

（七）案例分析题

如何消除壁垒？

近年来，随着科技的迅猛发展和市场竞争的加剧，某科技公司为了保持领先地位，不断扩大业务规模和增加市场份额。这种快速扩张导致了公司员工数量的急剧增加，但同时也带来了一系列员工关系管理的问题。公司内部沟通和协作逐渐出现障碍，员工之间的隔阂和误解加深，导致工作效率下降，员工满意度和忠诚度降低，离职率不断攀升。这些问题不仅影响了公司的日常运营，还威胁到了公司的长期稳定发展。

为了扭转这一局面，公司决定从根本上加强员工关系管理。

首先，公司认识到内部沟通的重要性，于是建立了一套完善的内部沟通机制。这包括定期举行部门会议，让员工有机会面对面交流工作心得和困难；同时，公司还建立了内部通信平台，方便员工随时随地进行在线沟通和协作。这些措施打破了部门之间的壁垒，促进了信息的流通和共享，提高了工作效率。

其次，公司意识到员工反馈对于改进管理和提升员工满意度至关重要。因此，公司建立了员工反馈系统，鼓励员工提出意见和建议。这包括设立匿名建议箱，让员工可以无顾虑地表达自己的想法；定期开展员工调查，了解员工的需求和期望，以便及时调整管理策略。这些措施增强了员工的参与感和归属感，提高了员工对公司的信任度和忠诚度。

最后，公司认识到团队建设对于增强员工凝聚力和协作能力的重要性。因此，公司定期组织各种团队建设活动，如户外拓展、团队聚餐、文艺比赛等。这些活动让员工有机会在轻松愉快的氛围中增进彼此的了解和信任，形成紧密的团队关系。同时，公司还注重培养员工的团队合作精神和服务意识，鼓励员工在工作中互相支持和协作，共同为公司的发展贡献力量。

问题：

1. 根据案例描述，分析公司面临的主要员工关系问题及其产生的原因。

2. 公司采取了哪些具体措施来改善员工关系？这些措施的实施效果如何？

3. 结合案例，分析加强员工关系管理对于企业发展的重要性，并给出你的建议。

七、参考答案及解析

第九章

国际人力资源管理

一、学习目标

（一）知识目标

1. 了解外派人员的选拔标准，包括外派意愿、语言能力、文化智力、专业能力和家庭因素。

2. 理解全球标准化和地区特殊化在国际人力资源管理中的平衡与整合。

3. 掌握企业国际化发展的不同阶段（国内阶段、多国阶段、跨国阶段、全球阶段）及其特点。

4. 掌握如何在不同国家和地区实施有效的人力资源管理实践，确保企业在本地和全球的竞争优势。

（二）能力目标

1. 能应对国际化人力资源管理及我国企业国际化进程和人力资源管理挑战。

2. 能理解国际化人力资源管理在企业国际化进程中扮演的重要角色。

3. 能判断什么是外派人员及外派人员管理实践中的核心问题。

4. 能论述国际化发展阶段与人力资源管理、国际人力资源管理的内涵及特点等。

（三）素质目标

1. 培养持续学习和创新的能力，关注国际人力资源管理的最新理论和实践动态。

2. 培养从全球视角审视问题和制定战略的能力，理解不同国家和地区的市场、政治、法律环境。

3. 培养创新思维和解决问题的能力。

4. 培养卓越的领导力和团队协作能力，能够在国际团队中有效发挥领导作用，促进团队协作和沟通。

二、知识体系

（一）我国企业的国际化进程

国际化趋势：随着科技和经济的发展，国际化成为企业发展的必然趋势。

对外投资增长：自美国次贷危机后，中国对外投资迅速增加，成为对外投资大国。

区位分布广泛：截至 2023 年年底，中国对外投资覆盖全球 189 个国家和地区，投资行业涵盖国民经济 18 个大类。

投资形式多样：跨国并购成为重要方式，行业结构优化，热点转移至新兴领域。

共建"一带一路"倡议：为中国企业国际投资合作提供新契机，增强企业对外投资和并购力度。

（二）国际人力资源管理挑战

外派与当地雇员选择：如何平衡外派人员与雇佣当地人员的关系。

国际化人才需求：对具有国际视野和能力的人才的需求增加。

跨文化工作团队管理：如何有效组织不同文化背景下的员工共同工作。

适应国际环境：如何充分考虑所在国的法律、文化等因素进行人力资源管理。

（三）国际化发展阶段与人力资源管理

（1）国际化发展阶段：从国内阶段、多国阶段、跨国阶段到全球阶段的演变。

（2）人力资源管理实践：随着企业国际化发展阶段的不同，人力资源管理策略和实践也随之变化。

（四）国际人力资源管理的定义

国际人力资源管理是指一系列旨在吸引、发展、保持和平衡全球化人力资源，促进全球标准化和地区特殊化人力资源管理实践的有效整合，确保企业本地和全球竞争优势的人力资源管理的职能、活动和过程。

（五）跨文化管理的内涵

跨文化管理是指对全球化经营的跨国公司中不同国籍、不同文化背景的员工及员工关系的管理，聚焦文化与组织行为之间的关系，涉及微观、中观和宏观各个层面。

（六）跨文化管理的主要对策

1. 文化差异管理

基础：认为不同国家和民族具有不同的文化，决策和行为方式存在差异，进而产生文化冲突等问题。

方法：识别和管理文化差异，通过研究如霍夫斯泰德和 GLOBE 项目[①]等提供的文化维度理论，识别不同国家间的文化差异。

2. 文化相似性管理

目的：超越文化冲突，构建有效的组织结构和管理机制，维系具有不同文化背景的员工的共同价值观。

原则：求同存异，利用文化相似性实现共同目标，同时关注文化的差异性。

（七）跨文化管理对国际人力资源管理的启示

整合思维：国际人力资源管理需要对各国各族文化进行整合，形成普遍性企业文化。

全球视野：全球化企业要求经理们在全球范围内实施人力资源管理实践，评估当地文化和其他文化的差异，并建立强有力的企业文化，克服文化差异。

外派人员：外派人员，是指来自其原工作所在国而被派往其他国家任职的员工，简而言之，就是不属于工作所在地国家公民的人员，或者说由母公司任命或委派到东道国工作的母国公民和第三国公民。

（八）国际人员配置政策通常的影响因素

1. 民族中心主义
2. 多中心主义
3. 全球中心主义

（九）外派甄选应考虑的因素

1. 外派意愿
2. 语言能力
3. 文化智力
4. 专业能力
5. 家庭因素

（十）文化智力

文化智力是反映人们在新的文化背景下，收集处理信息、做出判断并采取相应的有效措施以适应新文化的能力。

（十一）外派人员的培训

四步培训法，包括介绍文化差异、理解他人态度、提供当地知识和语言及适应能力培训。

---

① GLOBE 项目（GLOBE project）是跨文化的领导方式及其有效性的研究。

三、拓展阅读

跨越重洋的抉择

马克站在 Airing 公司总部会议室的落地窗前，手中握着一杯早已凉透的咖啡。窗外，硅谷的晨光洒在科技园区整齐的建筑群上，但他的思绪已经飞越太平洋，落在了即将开拓的新市场上。他轻轻转动着咖啡杯，杯底残留的咖啡渍在杯壁上划出淡淡的痕迹，就像他们即将在全球化版图上留下的印记。

"各位，"他转身面对会议室里的高管团队说："我们不能再局限于北美市场了，亚洲和欧洲的医疗设备市场正在以惊人的速度增长，我们必须抓住这个机会。"

会议室里响起一阵低语。财务总监艾米丽推了推眼镜，率先发言："根据市场分析，日本和德国是最理想的开发地。日本拥有全球领先的医疗技术需求，而德国则是欧洲最大的医疗设备市场。日本的市场规模预计在未来五年内增长 20%，而德国的医疗设备进口额去年已经突破了 100 亿欧元。"

"但是，"人力资源总监莎拉皱起眉头说，"我们真的准备好了吗？文化差异、法律合规、人才招聘，这些都是巨大的挑战。根据我们的初步调查，日本企业的平均决策周期是美国的 3 倍，而德国的劳动法可能是全欧洲最严格的。"

马克点点头，目光扫过在座的每一个人，说："正因为有挑战，才更需要我们勇敢迈出这一步。我决定亲自带队，先去日本和德国实地考察。"

三个月后，马克踏上了前往东京的航班。飞机降落时，他透过舷窗看到成田机场繁忙的景象，心中既兴奋又忐忑。前来接机的是即将出任日本子公司总经理的山田健一，一个四十出头、西装笔挺的男人。山田曾在麻省理工学院留学，对美日文化都有深入了解。

"欢迎来到日本，马克先生。"山田微微鞠躬，用流利的英语说道。马克注意到，山田的举止中带着一种特有的克制和礼貌，这让他想起了临行前收到的文化培训资料。资料中提到，在日本，即使是简单的问候，也要根据对方的身份和场合使用不同的敬语。

在前往市区的车上，山田详细介绍了日本市场的特点："在这里，建立信任关系需要时间。我们的第一要务是获得厚生劳动省的认证，这可能需要数月甚至更长时间。我已经预约了下周与厚生劳动省官员的会面，但请注意，在第一次会面时，他们可能不会直接讨论实质性问题。"

马克点点头，心中暗自庆幸聘请了当地的法律顾问团队。他们不仅熟悉日本的医疗设备法规，还能帮助公司规避潜在的合规风险。顾问团队的首席律师田中先生曾参与制定日本最新的医疗器械管理条例。

与此同时，在德国慕尼黑，新任命的德国子公司负责人安娜·施密特正面临着另一场挑战。当地工会代表要求就员工福利问题进行谈判，而公司法务团队却坚持认为现有方案已经足够优厚。

"这不仅仅是法律问题，"安娜在视频会议中对马克说，"德国员工非常重视工作与生活的平衡，如果我们不能理解这一点，很难在这里立足。工会代表明确表示，他们希望我们提供每年至少30天的带薪休假，以及灵活的工作时间安排。"

马克揉了揉太阳穴，感觉太阳穴突突直跳。他意识到，单纯的商业逻辑在这些文化差异面前显得如此苍白。他立即指示莎拉组建一个特别工作组，专门研究如何在德国实施灵活工作制。

回到东京的酒店，马克打开笔记本电脑，开始重新审视公司的人力资源策略。他给莎拉发了封邮件："我们需要一个更全面的方案，不仅要考虑法律合规，更要理解并尊重当地的文化。建议立即启动'文化融合计划'，包括语言培训、文化工作坊和定期的团队建设活动。"

第二天，马克召集了日本团队开会。他注意到，会议室里的气氛异常安静，没有人主动发言。这让他想起了文化培训中提到的高语境文化特征——在日本，很多信息是通过非语言暗示传递的。

"山田先生，"马克转向新任总经理说，"也许你可以先分享一下你的想法？"山田略显惊讶，但很快调整过来："根据我的观察，日本员工更倾向于在非正式场合表达意见。我建议我们可以组织一些团建活动，比如下班后一起去居酒屋，让大家在轻松的氛围中交流。另外，我们可以设立意见箱，让员工可以匿名提出建议。"

这个建议让马克眼前一亮。他立即指示莎拉制订一个详细的跨文化融合计划。计划包括：

每月一次的"文化沙龙"，邀请专家讲解日本商业文化；日语培训课程，要求所有外派员工在6个月内达到基础会话水平；季度性的团队建设活动，如茶道体验、合气道学习等。

在德国，安娜也采取了类似的策略。她组织了一次"文化对话日"，邀请德国员工分享他们的工作理念和生活态度。令她惊讶的是，许多员工提出了富有建设性的建议，比如：实施"弹性核心时间"制度，员工可以在早上7点到晚上7点之间自由安排工作时间，只要保证每天有4小时的核心工作时间在办公室；设立"家庭友好日"，允许员工每月有一天在家办公以照顾家人；提供职业发展规划咨询，帮助员工制定长期的职业目标。

三个月后，马克再次来到东京。这一次，他感受到了明显的变化。办公室里的气氛更加活跃，日本员工开始主动在会议上发言。山田告诉他："我们采纳了您的建议，实行了意见箱制度。第一个月就收到了50多条建议，其中关于改进生产流程的建议已经为我们节省了15%的成本。"

在慕尼黑，安娜也传来了好消息。通过引入弹性工作制和职业发展规划，员工满意度大幅提升，工会的抗议声也逐渐平息。"最令人惊喜的是，"安娜在报告中写道，"我们的生产效率反而提高了20%，因为员工可以根据自己的最佳状态安排工作时间。"

然而，挑战并未结束。马克收到了一份报告，显示日本子公司的决策速度明显慢于预期。深入调查后，他发现这是由于日本员工习惯在做出决定前达成完全共识。一个简单的采购决策可能需要经过多个部门的反复讨论。

"这未必是坏事，"莎拉在视频会议中说，"虽然决策过程较慢，但一旦做出决定，执行起来会更加顺畅。根据我们的调查，日本子公司的项目完成率达到了95%，远高于美国总部的80%。"

马克若有所思地点点头。他开始意识到，国际化不是要消除差异，而是要学会在差异中找到平衡。他指示团队开发了一个"决策加速计划"，在保持日本式共识决策优点的同时，通过明确决策权限和流程来提升效率。

一年后，当马克再次站在Airing公司东京办公室的窗前，看着下面熙熙攘攘的银座街头，他感到一种前所未有的成就感。日本和德国的子公司不仅实现了盈利，更重要的是，它们已经深深扎根于当地社会，成为Airing公司全球化版图中不可或缺的一部分。

"我们终于找到了那把钥匙，"马克对视频会议中的高管们说，"那就是尊重、理解和适应。这不是终点，而是新的起点。下一步，我们要把在日本和德国学到的经验应用到其他市场。"

会议结束后，马克收到了汤姆的邮件。这位老将写道："看来我的担心是多余的，你不仅学会了做生意，更学会了做人。看着Airing从一个地区性公司成长为真正的全球化企业，是我职业生涯最骄傲的时刻。"

站在东京的夜色中，马克望着远处闪烁的东京塔。他知道，这只是Airing公司全球化征程的一个阶段，前方还有更多挑战等待着他，但此刻，他感到前所未有的信心和期待。公司已经建立了一套相对成熟的跨文化管理体系，培养了一批具有全球视野的领导者，这些都是未来发展的坚实基础。

他拿出手机，给妻子发了条信息："亲爱的，我想我们可以考虑在东京租个公寓了。这里，正在成为我们的第二个家。"

随着业务的快速增长，Airing公司决定进一步扩展到中国和印度。这两个市场的潜力巨大，但同时也带来了更多复杂的人力资源管理问题。"马克先生，"中国区总经理李明快步走进会议室说，"我们遇到了一个棘手的问题，研发团队和销售团队在定价策略上产生了严重分歧。"

马克皱起眉头，这已经是他本周第三次听到类似的消息。自从公司加速扩张以后，类似的跨部门、跨地区冲突频频发生。

就在这时，他的手机震动起来，是印度分公司负责人拉吉夫发来的紧急消息："工厂工人罢工，要求提高待遇，当地媒体已经开始关注此事。"

他想起三个月前，当董事会决定加速扩张时，人力资源总监莎拉的警告："我们的管理系统还没有准备好应对如此快速的增长。"

回到酒店，马克打开笔记本电脑，屏幕上密密麻麻的数据让他更加焦虑：员工流失率上升，项目延期，跨地区协作效率低下……这些问题像滚雪球一样越滚越大。

"我们需要一个系统性的解决方案。"马克在深夜给莎拉发了封邮件。

第二天一早，马克召集了全球高管视频会议。屏幕上，来自美国、德国、日本、中国和印度的负责人依次出现，每个人的脸上都写满了疲惫。

"各位，"马克深吸一口气，"我们必须承认，我们的扩张速度超出了管理能力的极限。但这不是退缩的理由，而是改进的机会。"

莎拉随即提出了一个大胆的计划：全面升级人力资源管理系统，引入最新的技术平台。这个平台将实现全球员工信息的实时同步，自动化处理薪酬福利，并提供跨文化沟通培训。

"但这需要大量投资，"财务总监艾米丽提醒道："而且实施过程可能会影响现有业务。"

"我理解风险，"马克坚定地说，"但如果不采取行动，我们将付出更大的代价。"

与此同时，马克还批准了一个全球团队建设计划。第一个项目是"文化周"，每个地区的员工都要准备展示本地文化的活动。在上海办公室，中国员工组织了茶艺表演和书法工作坊；在班加罗尔，印度团队则准备了传统舞蹈和美食节。

然而，变革并非一帆风顺。在德国，一些老员工对新的人力资源管理系统表示抵触，认为这会影响工作效率。在日本，员工们对公开讨论文化差异感到不适。

"这很正常，"莎拉安慰马克，"改变需要时间，重要的是保持耐心和坚持。"

三个月后，马克再次来到上海。这一次，他感受到了明显的变化。办公室里的气氛更加融洽，不同部门的员工开始主动交流。李明兴奋地告诉他："新的人力资源管理系统太棒了！我们终于可以实时了解每个项目的进展了。"

在印度，拉吉夫也传来了好消息。通过新的薪酬管理系统，他们成功化解了劳资纠纷，还建立了员工反馈机制。

然而，最大的惊喜来自一个意想不到的方面。在最近的一次全球视频会议上，德国分公司的工程师汉斯和中国研发团队的王琳发现，他们在解决一个技术难题时有着相似的思路，这种跨文化的共鸣最终促成了一个突破性的创新。

"这就是我们追求的目标，"马克在年终总结会上说，"不是简单的规模扩张，而是创造一个真正全球化的创新生态系统。"

时间来到 2008 年 9 月中旬，随着美国证券巨头雷曼兄弟宣布破产，汽车制造业面临倒闭，全球股市惨跌，次贷风暴变成了席卷全球的超级金融风暴。全球经济危机的冲击来得如此迅猛，Airing 公司不得不面对成立以来最艰难的时刻。

"我们必须削减 20% 的成本，"财务总监艾米丽的声音有些颤抖，"否则公司可能撑不过明年。"

会议室里一片死寂。马克的目光扫过在座的每一位高管，他们中有跟随公司多年的元老，也有在扩张时期加入的新锐，每个人的脸上都写满了震惊和忧虑。

"裁员是最后的选择，"马克缓缓开口，"但如果我们现在不采取行动，未来可能会有更多人失去工作。"

就在这时，他的手机震动起来，是德国分公司负责人安娜发来的消息："工会已经得知可能裁员的消息，他们准备组织抗议。"

马克闭上眼睛，深吸一口气。他想起十年前公司初创时的情景，那时他们只有十几个人，挤在硅谷的一个小办公室里。如今，Airing 已经成长为拥有上万名员工的跨国企业，而他却要做出可能毁掉这一切的决定。

"我们需要一个周全的计划，"马克对人力资源总监莎拉说，"不仅要合法合规，还要尽可能人道。"

接下来的几周，马克几乎没合过眼。他与法律团队一起研究各国的劳动法，与公关团队制定沟通策略，还要亲自与各地负责人沟通。每个深夜，他都会收到来自世界各地的邮件，日本的员工担心终身雇佣制的终结，印度的工人害怕失去生计，德国的工会要求更多补偿……

终于，在一个阴沉的早晨，马克站在了全体员工视频会议的画面中央。他虽面容憔悴，但眼神坚定。

"亲爱的同事们，"他的声音有些沙哑，"今天，我必须向大家宣布一个艰难的决定……"

他详细解释了公司面临的困境，说明了裁员的必要性，并承诺将为受影响的员工提供最大程度的支持。在演讲的最后，他说："这不是终点，而是我们共同渡过难关的开始。"

接下来的日子里，Airing 公司启动了一系列支持措施。在美国，他们与职业介绍所合作，为被裁员工提供再就业培训；在日本，他们设立了心理咨询热线；在德国，他们与工会达成协议，提供额外的补偿和职业转换支持。

然而，最让马克感动的是员工们的反应。在中国，一些资深员工主动提出提前退休，为年轻同事保留工作机会；在印度，被裁员工组织了一个互助网络，分享就业信息；在美国，留下的员工自发组织募捐，帮助前同事渡过难关。

2009 年 9 月，当经济开始出现复苏迹象时，马克收到了一个意外的消息，曾经被裁的德国工程师汉斯发来邮件，感谢公司提供的职业转换支持，他现在已经成功转型为一名环保技术顾问。"你们的支持让我找到了新的人生方向，"汉斯写道，"我永远为曾经是 Airing 的一员而自豪。"

与此同时，公司的品牌形象也得到了意想不到的提升。媒体纷纷报道 Airing 公司人性化的裁员方式，将其称为"危机管理的典范"。在社交媒体上，#AiringCare 话题引发了广泛讨论，许多求职者表示，这样的公司值得信赖。

"我们挺过来了，"马克在季度总结会上说，"这不仅是一次危机，更是一次洗礼。它让我们明白，真正的强大不在于规模，而在于我们如何对待每一个成员。"

马克知道，这场危机让 Airing 公司失去了很多，但也收获了更宝贵的东西——员工的忠诚、社会的认可，以及面对未来的勇气。公司已经不再是一支舰队，而是一个坚韧的共同体，准备好迎接任何挑战。

一天当马克参观 Airing 公司新落成的创新中心时，他透过落地窗望着外面郁郁葱葱的园区。阳光洒在草坪上，几个员工正坐在户外讨论着什么，笔记本电脑随意地摊在野餐桌上。这一幕与两年前经济危机时的萧条景象形成了鲜明对比。

"马克，"莎拉快步走来，手里拿着一份报告，"第一季度创新提案的数量同比增长了300%，其中有几个项目已经进入试点阶段。"

马克接过报告，嘴角不自觉地上扬。他想起之前那个艰难的决定：将总部大楼的一部分改造成开放式创新中心，并投入巨资建立在线学习平台。当时，董事会里不乏反对声音，认为公司应该继续紧缩开支。

"还记得汉斯吗？"莎拉突然问道，"就是那个转型做环保顾问的前员工，他提交了一个关于医疗废物处理的创新方案，我们正在考虑与他合作。"

马克眼前一亮。这正印证了他的信念：危机过后，创新才是重生的关键。

然而，挑战依然存在。第二天，马克收到了一份令人担忧的报告：尽管创新提案数量激增，但实际落地率很低。深入调查后，他发现问题的根源在于传统的层级式决策流程。

"我们需要打破这些壁垒，"马克在管理层会议上说，"让好点子能够快速得到验证和实施。"

他决定亲自走访各地分公司。在东京，他参加了一场别开生面的"创新马拉松"，目睹了不同部门的员工在48小时内碰撞出令人惊叹的想法。在慕尼黑，他拜访了采用"工作4.0"模式的团队，看到员工如何自主安排工作时间，同时保持高效协作。

回到总部后，马克启动了一项大胆的计划："创新孵化器"。任何员工都可以提交创意，通过快速评审后，可以获得种子资金和跨部门资源支持。同时，公司全面升级了在线学习平台，不仅提供技能培训，还开设了创新思维和创业课程。

变化悄然发生。在上海，一个由年轻工程师提出的智能诊断设备创意，仅用三个月就完成了原型开发。在班加罗尔，远程协作团队利用时差优势，实现了24小时不间断的软件开发。

然而，最大的惊喜来自一个意想不到的方面。马克收到了一封来自美国中西部小城的邮件，发件人是一位在家办公的数据分析师玛丽，她利用在线学习平台掌握了人工智能技术，开发出了一个革命性的医疗数据分析模型。

"这个模型可以提前预测疾病暴发，"玛丽在视频会议中激动地解释，"我们已经在三个城市试点，准确率达到90%以上。"

马克立即批准了这个项目，并将其列为公司未来发展的重点方向。在项目启动会上，他动情地说："这就是我们追求的创新：不仅推动公司发展，更要造福社会。"

一年后，当Airing公司再次登上行业峰会的领奖台时，马克站在聚光灯下，心中感慨万千。经济危机的阴霾已经散去，取而代之的是充满活力的创新文化。公司不仅恢复了增长，更重要的是，它已经蜕变成一个真正的学习型组织，每个员工都是创新的源泉。

"这不是终点，"马克在获奖感言中说，"而是新的起点。我们证明了，危机不是终点，而是创新的催化剂。"

与此同时，马克也知道，Airing公司已经完成了蜕变，就像一只破茧而出的蝴蝶，准备好在新世纪的天空中展翅高飞。创新的种子已经播下，未来的收获将超乎想象。这也让他想起了过去十几年间，公司在全球版图上点亮的一个又一个"星光"——从东京到慕尼黑，从上海到班加罗尔，每一个分支都承载着独特的文化印记，却又紧密相连。

十三年前，那时他们刚刚决定走出北美市场。记得在日本设立第一个海外子公司时，他们遇到了前所未有的文化冲击。日本员工对美国式的直率沟通感到不适，而美国管理者则对日本式的含蓄决策感到困惑。正是这些挑战，促使他们建立了第一个跨文化培训项目，这个项目后来发展成为公司最引以为傲的"全球领导力发展计划"。

随着业务版图的扩张，挑战接踵而至。在德国，他们不得不面对严格的劳动法和强大的工会力量；在印度，他们需要适应完全不同的教育体系和人才结构；在中国，快速变化的市场环境要求他们必须建立灵活的人力资源策略。每一次危机都是一次学习的机会，每一次挑战都催生了创新的解决方案。

经济危机的洗礼让 Airing 公司意识到，人力资源管理不仅仅是招聘和薪酬管理，更是企业文化的塑造者和战略执行的推动者。他们建立的"全球人才流动计划"，不仅帮助公司度过了最艰难的时期，还培养了一批具有全球视野的管理人才。这些经历过不同市场考验的领导者，如今已成为公司最宝贵的资产。

创新始终是 Airing 公司人力资源管理的核心理念。他们率先在行业内推行"工作4.0"模式，打破传统的工作时间和空间限制。在线学习平台的建立，不仅提升了员工的技能，更创造了一个持续学习的企业文化。创新孵化器的成功，证明了每个员工都是潜在的企业家，只要给予适当的支持和平台。

如今，Airing 公司已经发展成为一个真正的全球化企业，他们的员工来自60多个国家，说着30多种语言，却在共同的企业文化下紧密协作。这种多样性不仅没有成为障碍，反而成为创新的源泉。

"我们走过的路，"马克在最近的一次行业峰会上说，"证明了国际人力资源管理的复杂性和重要性。它不仅仅是应对挑战，更是创造机遇。通过尊重文化差异、培养全球视野、鼓励持续创新，我们不仅实现了业务增长，更建立了一个真正意义上的全球企业共同体。"

Airing 公司的案例为其他企业提供了宝贵的启示：在全球化时代，成功的关键在于将人力资源视为战略资产，而不是成本中心；在于建立包容性的企业文化，而不是强加统一的标准；在于培养适应力和创新力，而不是固守既有的模式。

四、思政专栏

【构建全球化的人才体系】

华为技术有限公司（简称"华为"）成立于1987年。在中国深圳这个改革开放的前沿阵地，任正非先生带领一支队伍开启了华为的创业历程。进入21世纪，华为积极向海外市场拓展，其人才策略也随之转变。在这一阶段，华为秉持开放合作的理念，大力引进外籍员工，将人才战略推向全球化，积极招募具备国际视野和跨文化沟通能力的精英。同时，公司鼓励内部员工出国工作，推动公司的国际化进程。华为深知，要在全球市场中取得卓越成就，必须充分利用当地资源和人才，实现本土化运营。

华为的人才体系涵盖了海外派遣、本地员工，以及新引进的高端人才，其考虑角度广泛而深远。对于中国籍员工而言，海外派遣成为晋升的关键路径。华为倡导艰苦奋斗的企业文化，使员工深刻理解海外派遣所带来的丰厚经济回报和职业发展机遇。那些在艰苦地区表现出色的员工，将在绩效评定中获得优待，从而有效解决了人才激励和企业发展的问题。此外，员工还需在市场、研发等体系中轮岗，具备海外派遣经验和市场、研发经验的员工将拥有更广阔的职业发展路径。

在海外拓展的征程中，华为面临着巨大的挑战，但其全球人才洞察项目的成功实施，为其全球化战略提供了有力支持。华为的这些经验和做法，为业界提供了宝贵的借鉴和启示。

五、技能训练

（一）单项选择题

1. 2016 年以来，_____标志着中国企业国际化进入新阶段。

    A. 增加的外国投资

    B. 政府对企业"走出去"管理的精细化

    C. 扩展新市场

    D. 投资行业的多元化

2. 截至 2018 年年底，中国直接投资已遍布_____国家（地区）。

    A. 超过 100 个   B. 约 150 个

    C. 超过 180 个   D. 近 200 个

3. 中国企业在其国际人力资源管理中面临的主要挑战是_____。

    A. 招聘当地人才

    B. 平衡外派员工和当地雇员之间的关系

    C. 管理文化差异

    D. 使国际人力资源实践与全球标准一致

4. 中国外派人员初到外国时的共同经历是_____。

    A. 立即适应   B. 面对新机会的兴奋

    C. 文化冲击   D. 语言障碍问题

5. 跨国公司派遣员工的主要原因是_____。

    A. 为了削减成本   B. 填补海外运营的技能空缺

    C. 避免本地招聘   D. 增加工作场所的多样性

6. 导致外派任务失败的一个重要因素是_____。

    A. 补偿不足

    B. 外派员工的表现不佳

    C. 外派员工或其家属无法适应

    D. 缺乏总部的支持

7. 跨文化培训在外派成功中扮演的角色_____。

    A. 影响微小   B. 对适应和表现至关重要

    C. 仅对长期任务必要   D. 不如技术技能重要

8. 外派人员返回本国时面临的常见挑战是_____。

    A. 重新适应本国文化   B. 在总部找到合适的职位

C. 语言障碍　　　　　　　　　　D. 失去外派福利

9. 跨国公司通过_____来平衡全球人力资源实践与本地需求。

　　A. 严格在各地应用全球标准　　B. 全球标准化和本地适应的结合

　　C. 完全适应本地实践　　　　　D. 为了一致性而忽略本地需求

10. 国际人力资源管理的最佳定义是_____。

　　A. 严格按照东道国的实践管理人力资源

　　B. 在外国子公司应用本国的人力资源实践

　　C. 将全球人力资源战略与本地需求进行整合

　　D. 专注于外派管理

（二）多项选择题

1. 管理全球团队绩效的常见策略是_____。

　　A. 全球统一的绩效标准

　　B. 将绩效标准应用到本地标准

　　C. 忽略绩效管理中的文化差异

　　D. 采用混合方法，结合全球统一标准和本地适应性调整，同时注重文化敏感性

　　E. 定期评估和反馈机制，确保绩效标准的持续改进

2. 通过_____，公司可以确保海外派遣任务的成功。

　　A. 提供有竞争性的薪酬　　　　B. 文化和语言培训

　　C. 提供回国后的职业发展机会　D. 获得父母的支持

　　E. 建立良好的沟通和支持系统，以减轻外派人员的心理压力和不确定性

3. 在职业发展方面，对在全球背景下工作的员工来说，_____是重要的。

　　A. 国际经验　　　　　　　　　B. 语言技能

　　C. 理解多种文化　　　　　　　D. 家人的帮助

　　E. 多元化的职业发展路径和机会

4. 在国际人力资源管理中，_____因素对外派员工的成功至关重要。

　　A. 文化适应能力

　　B. 语言技能

　　C. 家庭支持和适应

　　D. 技术和专业知识

　　E. 外派前的全面培训和准备，包括文化敏感性培训

5. 中国企业在国际化进程中，_____是主要的人力资源管理挑战。

　　A. 管理跨文化差异

　　B. 招聘本地人才

　　C. 财务管理

　　D. 培养国际视野的人才

　　E. 建立有效的全球人才管理和发展体系

（三）判断题

1. 中国企业国际化的新阶段始于 2016 年，国家对企业"走出去"策略的管理日趋精细化。 （   ）
2. 截至 2018 年年底，中国对外直接投资主要集中在能源、矿产、化工等产能过剩的领域。 （   ）
3. 跨国并购是中国企业对外直接投资的唯一方式。 （   ）
4. 共建"一带一路"倡议未显著加大中国企业的对外投资和并购力度。 （   ）
5. 外派人员的主要挑战之一是文化适应。 （   ）
6. 所有外派人员的成功完全依赖于其专业技能。 （   ）
7. 跨文化培训对提高外派人员的工作绩效和文化适应性没有显著影响。 （   ）
8. 国际人力资源管理不涉及对外派人员家属的考虑。 （   ）
9. 全球化导致的人力资源管理复杂性降低了。 （   ）
10. 母国与东道国之间的文化差异是国际人力资源管理中的主要挑战。 （   ）

（四）名词解释

1. 国际人力资源管理
2. 跨文化管理
3. 外派人员
4. 全球化
5. 多国化阶段

（五）简答题

1. 描述外派人员在跨国公司中的作用和重要性。
2. 解释文化智力对外派人员成功的影响。
3. 讨论跨文化管理在国际人力资源管理中的作用和挑战。
4. 说明如何有效整合全球人力资源管理实践以提升跨国公司的竞争优势。
5. 分析外派人员选择和培训中考虑的关键因素及其对外派成功的影响

（六）论述题

1. 论述文化智力对于外派人员成功的重要性，并探讨企业如何通过培训提高其员工的文化智力。

要求：请从文化智力对外派人员在跨文化环境中的适应、沟通和工作绩效的影响角度进行分析，并讨论企业可以采取哪些具体措施（如跨文化培训、语言培训、情景模拟等）来提高员工的文化智力，以及这些措施如何实施以确保外派人员的成功。

2. 探讨全球人力资源管理实践的标准化与本地化之间的平衡，并分析这种平衡对于跨国公司在不同文化背景下保持竞争优势的重要性。

要求：请从全球人力资源管理实践（如招聘、培训、绩效管理和员工激励）的标准化与本地化需求出发，讨论在实现全球一致性和满足地方特色需求之间的平衡的挑战和机遇。此外，分析这种平衡如何帮助跨国公司在全球化的同时，有效应对文化差异，维持和提升其在全球市场的竞争力。

（七）案例分析题

案例一：赵强在德国柏林的研发中心

某中国科技公司决定在德国柏林开设研发中心，以便更好地融入欧洲市场并吸引当地高科技人才。该公司选择了在公司内部具有丰富研发经验的资深工程师赵强（化名）前往德国负责新研发中心的建立和运营。尽管赵强在技术方面非常出色，但他对德国的文化、语言和商业环境知之甚少。

问题：

1. 赵强在启程前和到达后，公司应如何准备和支持他，以确保他能够快速适应德国的工作和生活环境？

2. 考虑到跨文化管理的重要性，公司应采取哪些措施来促进赵强与德国团队成员之间的有效沟通和合作？

案例二：李娜在南非约翰内斯堡的项目

一家中国制药公司计划在南非约翰内斯堡建立其在非洲的第一个生产基地，以此作为进入非洲市场的跳板。该公司指派了拥有多年项目管理经验的高级经理李娜（化名），前往南非负责该项目。李娜虽然管理经验丰富，但她从未在非洲工作或生活过，对当地的文化和商业环境不熟悉。

问题：

1. 在李娜外派前，公司应如何策划培训和准备活动，以帮助她理解南非的文化和商业环境？

2. 考虑到项目管理的复杂性，公司如何确保李娜能有效地管理跨文化团队，并与当地员工建立良好的工作关系？

六、参考答案及解析

第十章

人力资源管理信息化与外包

一、学习目标

（一）知识目标

1. 理解人力资源管理信息化的概念：掌握人力资源管理信息化的定义、发展历程及其在现代企业管理中的重要性。

2. 熟悉人力资源管理信息系统的构成：了解人力资源信息系统（human resource information system，HRIS）的主要模块，包括招聘管理、员工信息管理、薪酬福利管理、绩效管理、培训与发展等。

3. 掌握人力资源管理软件的应用：熟悉市场上主流的人力资源管理软件（如 ERP 系统中的 HR 模块、专业 HR 软件等）的功能、特点及选择标准。

4. 了解人力资源管理外包的概念与类型：明确人力资源管理外包的定义，识别不同外包类型（如全面外包、部分外包、项目外包等）及其适用场景。

（二）能力目标

1. 能理解人力资源管理信息化与外包的概念、作用与意义。

2. 能熟练掌握人力资源管理信息化的流程与内容。

3. 能掌握大数据在人力资源管理信息化中的应用。

4. 能掌握人力资源管理外包的特点与风险，对人力资源管理的实际问题进行认真分析，并能提出解决方案。

（三）素养目标

1. 培养信息化管理思维：树立信息化管理意识，认识到信息技术在提升人力资源管理效率与效果中的关键作用。

2. 强化信息安全意识：了解人力资源管理信息化中可能面临的信息安全风险，遵守信息安全规范，确保员工数据与企业信息的安全。

3. 提升跨部门协作能力：在人力资源管理信息化与外包项目中，加强与 IT 部门、财务部门、业务部门等的沟通与协作，促进项目顺利实施。

4. 注重持续学习与创新：紧跟人力资源管理信息化与外包领域的最新趋势，不断学习新技术、新方法，推动企业人力资源管理模式的持续优化与创新。

5. 增强职业道德与责任感：在处理员工信息与外包事务时，坚守职业道德，尊重员工隐私，确保外包决策符合企业伦理与社会责任标准。

二、知识体系

（一）人力资源管理信息化及其发展脉络

1. 人力资源管理信息化的概念

人力资源管理信息化是信息化在人力资源管理中的重要应用，也称人力资源电子化、信息化（electronic human resource，EHR），是基于计算机、通信与网络等技术建立的现代人力资源服务计算机与网络系统。

2. 人力资源管理信息化的历史演变：初始阶段、基本应用阶段、跨越式发展阶段、全面融合与人工智能发展阶段。

3. 人力资源管理信息化的发展趋势：大数据时代的影响力与日俱增、决策者深度参与人力资源管理信息化建设、信息化不断为员工赋能。

（二）人力资源管理信息化的作用与意义

1. 促进人力资源管理从职能性向战略性转变

（1）职能性人力资源管理

管理行为主要围绕人力资源管理各部门当前的职能而进行。其特点在于规范性、专业性与从属性，是一种局部的、有分割性的、模块化的人力资源管理。

（2）战略性人力资源管理

人力资源管理信息化使组织中许多人力资源管理工作或由机器完成，或由员工自主进行。机械性、重复性的人力资源行政事务性工作被机器取代，人力资源管理者不再只是行政事务管理者、员工的监督者，而是成为战略决策者与咨询者。通过授权员工进行自助服务、外协及服务共享，人力资源管理部门由原来的职能性部门转变为战略性部门，成为组织的战略性合作伙伴，从传统的行政支持者转变为规划者，其战略地位与引领性日益凸显。

2. 促使人力资源管理和人力资源开发政策黏合

一致性的人力资源管理才能实现整体大于部分之和。人力资源管理和人力资源开发横向、纵向上的环节很多，没有人力资源管理信息化，很容易出现政策上的"断裂"和"缺失"。只有人力资源管理信息化才能将所有人力资源管理政策环节黏合起来。

人力资源管理和开发能够依靠"人力"这个抓手，将断裂的能力衔接起来，但缺乏信息化就无法实现每个员工、每个部门间的协同沟通。依靠人力资源管理信息化，如通过微信平台等，有助于减少组织磨合时间，提升各环节、步骤的有序对接和流畅衔接，从而提升组织的综合管理能力。

3. 降低管理成本与规范管理过程

（1）传统的手工管理时期：人力资源管理部门的具体工作都必须依靠手工操作，效率低并且容易出错；企业在进人、用人、调配、考核、工资调整等环节上，往往缺乏严格的操作标准和流程，可能受管理者个人意志影响。同时，企业人员流动性强时，容易造成人力资源管理工作标准频繁变动，降低工作质效。

（2）信息化时期：信息系统的投入减轻了手工作业时查询、统计等繁重的计算工作，缩短了各职能工作的时间，特别是信息系统数据库使数据资料的保存变得轻松。人力资源管理信息化利用信息技术快速、准确、互动、海量存储的优势，能将有关人力资源管理的分散信息都紧密集中在一起并进行分析，将经过优化的业务流程在系统中进行体现，实现了组织管理成本的有效控制；信息化系统则有严格的流程和权限控制，可以实现对工作过程全链条的记录，防止外来干预，防止因人而异，大幅提高了人力资源管理的规范化、标准化水平。

（三）人力资源管理信息化的流程、内容与应该注意的问题

1. 人力资源管理信息化的流程

（1）规划阶段：明确信息系统（简称"系统"）创建的目的、建立人力资源管理信息化系统模型。

（2）设计阶段：充分评估、统筹分析人力资源管理信息系统经济、技术操作的可行性，分析人员组成与素质、人工成本，从成本和收益方面考察方案的科学性，要建立起各种责任制度，并由专家与领导对系统进行评审。

（3）实施阶段：确保系统安全、系统的日常运行与维护、进行培训。

（4）评估阶段：技术应用情况评价、效果评价、经济评价。

根据综合评价结果，对人力资源管理系统进行改进、调整，开发新的功能和流程，不断优化流程，推动人力资源管理信息化系统发挥更大作用。

2. 人力资源管理信息化的内容

（1）基础层信息化。

（2）中间层信息化。

（3）顶尖层信息化。

3. 人力资源管理信息化中应该注意的问题

（1）信息化应该从单一的文字数据采集转向文字数据、图像数据与语音数据综合采集。

（2）信息化应从目前的静态数据整理分析转向动态更新与优化。

（3）信息化应该从目前的数字化转换向优化决策管理的高端化服务升级。

（四）人力资源大数据

1．人力资源大数据的含义

人力资源大数据是指在网络虚拟世界以及现实生活中集中反映组织及其个体行为、关系或状态的，能够服务人力资源管理决策和优化人力资源管理流程的多类型数据集。

2．人力资源大数据的类型

（1）组织内部数据：在组织内的日常工作中所产生的各种结构化的行为数据，可以进一步分为人员数据、项目数据和绩效数据三类。

人员数据包括性别、年龄、文化程度、家庭人数与收入等人口统计方面的基本信息；项目数据是指组织内部开展的各种项目的数据，这些项目一般包括对人力资源的培训、开发、领导力培养，以及组织核心战略规划与实施等；绩效数据则包括绩效评级数据、360度评价反馈数据、目标达成数据、继任人才计划数据等。此外，还有考勤、团队协作、上下级沟通等其他八小时内行为数据。

（2）组织外部数据：个体在组织外部非工作时间所产生的行为数据，其通常包括网络使用、消费、社交乃至出行、情感行为等半结构化或非结构化数据。研究表明，尽管基于组织内部数据的人力资源分析项目有着很高的参考价值，但更有效的解决方案是，综合利用内部和外部两方面数据为事关组织全局的重大人事决策提供尽可能全面而客观的信息。

三、拓展阅读

凌云科技人力资源管理创新之路

随着科技的快速发展和全球化竞争的加剧，人力资源管理面临着前所未有的挑战和机遇。信息化和外包作为提升人力资源管理效率和灵活性的重要手段，正被越来越多的企业所采用。本案例围绕一家领先的高新技术企业——凌云科技（化名），深入探讨其如何借助信息化和外包策略，实现人力资源管理的创新与升级。

凌云科技的人力资源管理挑战

凌云科技作为一家高新技术企业，业务遍布全球多个国家和地区，拥有数千名员工。随着业务的不断扩张和市场竞争的日益激烈，公司面临着诸多人力资源管理方面的挑战：

招聘效率低下：传统的招聘流程繁琐且耗时，无法满足业务快速发展的需求。

培训成本高昂：员工培训需求多样化，但培训资源有限，导致培训成本居高不下。

绩效管理困难：缺乏有效的绩效管理工具，难以对员工绩效进行客观、全面的评估。

法律法规遵从风险：不同国家和地区的法律法规差异大，给人力资源管理带来合规性风险。

信息化改造：构建智能人力资源管理平台

为了应对上述挑战，凌云科技决定对人力资源管理进行信息化改造，构建智能人力资源管理平台。该平台具备以下功能：

招聘自动化：通过智能算法和大数据分析，实现简历自动筛选、面试安排等功能，大大提高招聘效率。

在线培训系统：提供丰富的在线课程资源，满足员工多样化的培训需求，降低培训成本。

绩效管理模块：通过设定关键绩效指标，实时跟踪员工绩效，提供客观、全面的绩效评估结果。

合规性管理：内置各国和地区的法律法规数据库，确保人力资源管理符合当地法律法规要求。

信息化改造后，凌云科技的人力资源管理效率得到显著提升，招聘周期缩短了15%，培训成本降低了27%，员工满意度也大幅提高。

外包策略：专注核心业务，释放管理潜能

在信息化改造的基础上，凌云科技进一步考虑将部分非核心人力资源管理职能外包出去。经过综合评估，公司决定将员工关系管理、薪酬福利计算等职能外包给专业服务商。

外包策略的实施为凌云科技带来了以下好处：

降低成本：通过外包非核心职能，降低了人力资源管理成本，使公司能够更专注于核心业务。

提高服务质量：专业服务商具备丰富的经验和专业知识，能够提供更高质量的人力资源管理服务。

降低风险：服务商对当地法律法规有深入了解，能够帮助公司降低合规性风险。

灵活应对市场变化：外包策略使公司能够更灵活地应对市场变化和业务调整。

尽管信息化改造和外包策略为凌云科技带来了显著的效益，但在实施过程中也遇到了一些挑战：

数据安全与隐私保护：随着人力资源管理数据的集中存储和处理，数据安全和隐私保护成为一大挑战。凌云科技加强了网络安全防护和数据加密技术应用，确保数据的安全性。

员工沟通与变革管理：信息化和外包变革涉及员工的切身利益和工作习惯改变，需要做好员工沟通和变革管理工作。凌云科技通过定期的员工大会、培训等方式，积极与员工沟通，解释变革的必要性和好处，消除员工的顾虑和担忧。

服务商选择与管理：选择合适的外包服务商并对其进行有效管理也是一大挑战。凌云科技通过公开招标和严格评估，选择了具有丰富经验和良好口碑的服务商，并建立了完善的服务商管理机制，确保外包服务的稳定性和质量。

前沿拓展：人工智能与大数据在人力资源管理中的应用

随着人工智能和大数据技术的不断发展，它们在人力资源管理中的应用也日益广泛，人工智能与大数据已成为推动企业变革的重要力量。凌云科技积极探索将这些技术应用于人力资源管理中，以进一步提升管理效率和准确性，探索人工智能与大数据在人力资源管理中的应用。

（1）人工智能与大数据在招聘中的应用

传统的招聘流程往往耗时耗力，且难以保证招聘结果的准确性。而借助人工智能与大数据技术，企业可以更加高效地进行人才筛选和匹配。通过分析候选人的简历、社交媒体等信息，人工智能算法可以自动生成候选人画像，并根据岗位需求进行智能推荐。这不仅大大提高了招聘效率，还能确保招聘到的人才与岗位需求高度匹配。

（2）人工智能与大数据在员工培训中的应用

员工培训是人力资源管理的重要环节，但传统的培训方式往往缺乏针对性和实效性。通过收集员工的学习数据、工作表现等信息，并利用大数据和人工智能技术进行分析，企业可以为员工推荐更加个性化的培训内容和学习路径。这种基于数据的培训方式不仅能够增强培训效果，还能帮助员工更好地实现职业发展。

（3）人工智能与大数据在绩效管理中的应用

绩效管理是人力资源管理中的核心环节，但传统的绩效管理方式往往存在主观性强、数据不准确等问题。通过引入人工智能和大数据技术，企业可以实时收集员工的工作数据、项目进展等信息，并利用算法对员工绩效进行客观、全面的评估。这不仅提高了绩效管理的准确性和公正性，还能为员工提供更加及时的反馈和指导。

（4）人工智能与大数据在员工离职预测中的应用

员工离职是企业面临的重要问题之一，而传统的离职预测方法往往难以准确预测员工的离职倾向。通过利用大数据和人工智能技术，企业可以分析员工的历史数据、行为模式等信息，预测员工的离职风险，并及时采取挽留措施。这不仅有助于降低员工离职率，还能为企业节省大量的人力和物力成本。

结论与展望

人工智能与大数据在人力资源管理中的应用为企业带来了诸多机遇和挑战。企业利用这两大技术可以更加高效地进行招聘、培训、绩效管理和离职预测等工作，提高人力资源管理的效率和质量。然而，随着技术的不断发展，企业也需要不断学习和适应新技术带来的变化，以更好地发挥其在人力资源管理中的优势。

展望未来，人工智能与大数据将继续在人力资源管理领域发挥重要作用。随着技术的不断进步和应用场景的拓展，我们可以期待更加智能化、个性化的人力资源管理服务出现，为企业和组织的发展提供更加强有力的支持。

四、思政专栏

人力资源社会保障部关于实施人力资源服务业创新发展行动计划
（2023—2025 年）的通知
人社部发〔2022〕83 号①

为深入贯彻党的二十大精神，落实党中央、国务院关于发展人力资源服务业决策

---

① 中华人民共和国中央人民政府网. 人力资源社会保障部关于实施人力资源服务业创新发展行动计划（2023—2025 年）的通知 人社部发〔2022〕83 号［EB/OL］.（2022-12-05）［2024-10-10］. https://www.gov.cn/.

部署，积极促进高质量充分就业，强化现代化建设人才支撑，人力资源社会保障部决定实施人力资源服务业创新发展行动计划（2023—2025年）。现就有关工作通知如下：

一、总体要求

以习近平新时代中国特色社会主义思想为指导，紧紧围绕就业优先战略、人才强国战略和乡村振兴战略，坚持创新驱动发展，坚持有效市场和有为政府相结合，以产业引导、政策扶持和环境营造为重点，深化人力资源服务供给侧结构性改革，培育壮大市场化就业和人才服务力量，加快提升人力资源服务水平，进一步激发市场活力和发展新动能，促进劳动力、人才顺畅有序流动，为全面建设社会主义现代化国家提供有力支撑。

二、培育壮大市场主体

（一）做强做优龙头企业。统筹规划人力资源服务业发展布局，到2025年重点培育形成50家左右经济规模大、市场竞争力强、服务网络完善的人力资源服务龙头企业。支持龙头企业通过兼并、收购、重组、联盟、融资等方式，调整优化市场结构，提高企业核心竞争力和产业集中度。支持龙头企业发挥人才优势、技术优势和创新优势，参与制订行业发展规划政策和标准规范、按规定承担就业和人才工作领域相关试点示范等事项。建立人力资源服务龙头企业分级分类管理机制，实行常态化联系和动态调整，提高人力资源服务产业发展组织化水平。

（二）支持"专精特新"发展。将人力资源服务业纳入国家优质中小企业梯度培育范围，到2025年重点培育形成100家左右聚焦主业、专注专业、成长性好、创新性强的"专精特新"人力资源服务企业，推动技术、资金、人才、数据等要素资源向创新企业集聚。鼓励有条件的地方开展"专精特新"人力资源服务企业遴选培育，在人力资源测评、人力资源培训、网络招聘、人力资源管理软件、人力资源大数据分析应用等领域，发展具有原始创新能力和集成创新实力的人力资源科技型、创新型企业。

三、强化服务发展作用

（一）扩大市场化就业和人才服务供给。开展人力资源服务机构稳就业促就业行动，聚焦高校毕业生、农民工等重点群体，大规模开展求职招聘、就业指导、政策咨询等服务。举办全国人力资源市场高校毕业生就业服务周、国聘行动、人力资源服务进校园进企业等专项活动。引导人力资源服务机构向劳动者提供贯穿职业生涯全过程的就业和职业发展服务，创造更多通过勤奋劳动实现自身发展的机会。开展市场化引才聚才行动，加快培育一批特色鲜明、专业领先、贡献突出的高水平猎头机构。深化人才引领驱动，支持有条件的地方采用市场化引才奖补等措施，通过"揭榜挂帅"等多种方式引进高精尖缺人才。引导人力资源服务机构依法依规有序承接政府人才服务项目。企业委托人力资源服务机构引才的所需费用，可按规定列入经营成本。鼓励人力资源服务机构围绕科技研发和成果转化，开发人力资源测评、人力资源管理咨询、薪酬及绩效管理等服务产品。

（二）强化制造业人力资源支持。坚持把服务实体经济作为着力点，搭建制造业等重点领域人力资源服务供需对接平台，推动人力资源服务深度融入制造业产业链。支持人力资源服务机构为制造业企业设计人力资源管理流程和模式，梳理整合相关环节的人力资源服务需求，持续提供专业化规范化信息对接和供需匹配服务。推动制造业企业与人力资源服务机构建立互利共赢、长期稳定的战略合作关系，共同发展面向相近领域的人力资源服务。有条件的地方可在各类功能区、产业园区、创业园区等建立人力资源服务联络站，贴近市场一线开展需求监测、用工保障、人才引育等服务。

（三）促进人力资源市场协调发展。实施西部和东北地区人力资源市场建设援助计划，引导各类人力资源服务机构围绕乡村振兴开展专项招聘、供需对接、技能培训、劳务品牌建设等服务。支持人力资源服务机构与脱贫地区特别是国家乡村振兴重点帮扶县和易地扶贫搬迁安置区广泛开展对接合作，通过设立子公司、分支机构等方式，形成常态化就业帮扶合作机制。支持县域经济比较发达、人口规模较大的地区，因地制宜建设人力资源服务业集聚区。

四、建强集聚发展平台

（一）完善产业园功能布局。围绕国家区域重大战略和区域协调发展战略，到"十四五"末建成30家左右国家级人力资源服务产业园和一批有特色、有活力、有效益的地方人力资源服务产业园。提高人力资源服务产业园服务产业集群发展能力，促进专业人才向产业集群高度集聚。支持有条件的地方依托人力资源服务产业园创建公共实训基地、国家中小企业公共服务示范平台，强化人力资源公共服务枢纽和产业发展平台功能。建立人力资源服务产业园交流协作机制，推进人力资源服务区域协同和开放合作。定期评估总结人力资源服务产业园发展状况，加强成果运用和督促指导。

（二）发展专业性行业性人才市场。围绕建设世界重要人才中心和创新高地，聚焦先进制造业、战略性新兴产业、现代服务业以及数字经济等重点领域，规划建设一批专业性行业性国家级人才市场。完善国家级人才市场综合性人才服务功能，打通专业人才开发、引进、流动、配置全链条。支持有条件的地方综合运用区域、产业、土地等政策，推动人才市场高质量发展。

五、增强创新发展动能

（一）全面提升数字化水平。鼓励数字技术与人力资源管理服务深度融合，利用规模优势、场景优势、数据优势，培育人岗智能匹配、人力资源素质智能测评、人力资源智能规划等新增长点。制定发布人力资源服务数字化发展评价标准，推进人力资源服务业数字化转型升级。支持人力资源服务企业运用大数据、云计算、人工智能等新兴技术，加速实现业务数据化、运营智能化。支持有条件的人力资源服务龙头企业打造一体化数字平台，提升系统集成水平，形成数据驱动的智能决策和服务能力。支持中小人力资源服务企业从数字化转型需求迫切的业务环节入手，加快推进数字化办公、业务在线管理等应用，逐步向全业务全流程数字化升级拓展。

（二）鼓励发展新业态新模式。培育发展高技术、高附加值人力资源服务业态，推动行业向价值链高端延伸。支持人力资源服务领域平台经济健康发展，引导人力资源服务平台企业加强数据、产品、内容等资源整合共享，扩大网络招聘、远程面试、直播带岗、协同办公、在线培训等线上服务覆盖面。深化共享经济在人力资源服务领域的应用，创新发展服务业态，为企业开展共享用工和劳动者兼职、灵活就业提供优质服务。

（三）强化企业创新主体地位。支持人力资源服务企业联合高校、科研院所及金融机构等，加强人力资源服务理论、商业模式、关键技术等方面的研发和应用。鼓励和支持人力资源服务企业转化研发成果，参与技术合同登记，参评高新技术企业。支持符合条件的人力资源服务企业设立博士后科研工作站或创新实践基地。加强对人力资源服务业创新主体的知识产权保护。

六、提升开放发展水平

（一）推进更高水平对外开放。贯彻外商投资法及实施条例，落实人力资源服务领域外商投资国民待遇，持续优化市场化法治化国际化营商环境。依托我国超大规模人力资源市场优势，积极引进我国市场急需的海外优质人力资源服务企业、项目和技术。推动保障外资企业平等参与人力资源服务领域政府采购、标准制定。加强国际交流合作，积极参与人力资源领域国际规则和技术标准制定。

（二）发展人力资源服务贸易。开展"一带一路"人力资源服务行动，支持国内人力资源服务企业在共建"一带一路"国家设立研发中心和分支机构。在"一带一路"国际合作高峰论坛框架下举办人力资源服务业国际合作论坛。高质量建设人力资源服务出口基地，培育发展人力资源服务贸易新业态新模式。依托中国中小企业发展促进中心、企业跨境贸易投资法律综合支援平台，为人力资源服务企业"走出去"提供跨境磋商、法律政策咨询、商务考察、案件应对等服务。

七、夯实行业发展基础

（一）加强行业人才队伍建设。实施人力资源服务业万名领军人才培养计划，建立覆盖行业龙头企业高级管理人员、专业技术人员和大型企业人力资源部门负责人的领军人才库和专家智库。依托高等院校、大型企业、国家级人力资源服务产业园、国家级人才市场，建立人力资源服务培训基地和实训基地，鼓励高等院校培养人力资源服务业方向的专业硕士。开展人力资源服务业专业技术人员继续教育，将其纳入专业技术人才知识更新工程。健全人力资源管理专业人员职称评审制度，提高从业人员专业化、职业化水平。

（二）完善统计监测制度。加强和改进行业统计调查，逐步健全以国民经济行业分类为基础，以市场主体、主要业态、经济指标、社会效益为主要内容的统计指标体系。加强统计组织和监督管理，落实人力资源服务机构主体责任，提高统计数据真实性、科学性、及时性。加强人力资源服务机构信息数据管理，完善定期监测与快速调查相结合的工作机制，持续开展人力资源市场供求信息监测分析。优化统计监测数据分析应用，提升科学决策水平。

（三）健全信用和标准体系。推进人力资源服务机构诚信体系建设，组织开展形式多样的诚信服务活动。建立健全人力资源服务机构信用记录，推动纳入全国信用信息共享平台，实行信用分类管理。加强人力资源服务国家标准、行业标准、地方标准制修订和宣贯工作，建立覆盖全业态和全过程的标准体系。鼓励人力资源服务行业协会、人力资源服务机构制定团体标准、企业标准，探索实施企业标准领跑者制度。

八、营造良好发展环境

（一）加大支持力度。落实支持人力资源服务业发展的各项产业、财政和税收优惠政策，在国家重大建设项目库下设立人力资源服务产业发展专项。支持各地利用现有资金渠道开展机构培育、人才培养、人力资源服务产业园建设以及促就业活动等工作。发挥各类政府引导基金带动作用，鼓励社会资本出资组建优质人力资源服务企业培育基金。拓宽人力资源服务机构投融资渠道，支持银行业金融机构开发适合人力资源服务产业的信贷产品。

（二）规范市场秩序。深化"放管服"改革，依法实施人力资源服务行政许可和备案，进一步落实告知承诺制。加强事中事后监管，创新监管方式和手段。持续开展清理整顿人力资源市场秩序专项行动，加强人力资源市场领域信息安全保护，推动消除影响平等就业的不合理限制和就业歧视，严厉打击违法违规和侵害劳动者权益行为。培育发展行业协会学会，充分发挥行业代表、行业自律、行业协调作用。

（三）加强宣传引导。综合利用多种宣传方式，及时总结推广人力资源服务业在促进就业创业、优化人才配置和服务高质量发展中的积极成效。定期举办全国人力资源服务业发展大会，鼓励各地举办经验交流、创新创业、供需对接等品牌活动。支持有条件的地方编制发布人力资源服务业发展报告，开展创新案例遴选。办好《人力资源服务》杂志，提高行业知名度和社会影响力。加强理论研究和舆论引导，努力营造全社会重视、支持人力资源服务业发展的浓厚氛围。

人力资源社会保障部

2022 年 12 月 5 日

五、技能训练

（一）单项选择题

1. 人力资源管理信息化的主要目的是_____。
   A. 提高工作效率 　　　　　　　　B. 降低管理成本
   C. 增强数据安全性 　　　　　　　D. 提升员工满意度

2. 在人力资源管理信息系统中，_____涉及员工绩效的跟踪和评估。
   A. 招聘管理模块 　　　　　　　　B. 薪酬管理模块
   C. 绩效管理模块 　　　　　　　　D. 培训管理模块

3. 云计算在人力资源管理中的应用主要体现在_____。
   A. 数据存储和备份 　　　　　　　B. 员工沟通与交流
   C. 人力资源规划 　　　　　　　　D. 法律法规咨询

4. 人力资源外包中，_____服务通常不包括在内。
   A. 招聘流程外包 　　　　　　　　B. 员工培训外包
   C. 财务管理外包 　　　　　　　　D. 薪酬福利外包

5. 下列选项中，_____不是人力资源信息化的优势。
   A. 流程标准化 　　　　　　　　　B. 信息实时更新
   C. 决策随意化 　　　　　　　　　D. 提高协作效率

6. 在选择人力资源外包服务商时，企业最应关注的是_____。

    A. 服务商的品牌知名度   B. 服务商的价格优势

    C. 服务商的专业能力和信誉   D. 服务商的地理位置

7. 人力资源信息系统（HRIS）的核心组成部分是_____。

    A. 数据库管理系统   B. 办公自动化软件

    C. 企业财务系统   D. 客户关系管理系统

8. 以下关于人力资源外包的描述中，_____是正确的。

    A. 人力资源外包会增加企业的管理成本

    B. 人力资源外包会降低企业对人力资源的控制力

    C. 人力资源外包有助于企业专注于核心业务

    D. 人力资源外包不利于保护企业的商业机密

9. 在实施人力资源管理信息化时，_____工作是最初的步骤。

    A. 系统测试与调试   B. 数据迁移与整合

    C. 需求分析与规划   D. 员工培训与上线

10. 电子化人力资源管理（EHR）主要通过_____方式提升管理效率。

    A. 增加人力资源部门人员编制   B. 优化人力资源管理流程

    C. 减少企业与员工的沟通   D. 提高人力资源管理的复杂性

（二）多项选择题

1. 人力资源管理信息化的好处包括_____。

    A. 提高工作效率和准确性   B. 促进信息共享和沟通

    C. 加强数据安全和隐私保护   D. 降低人力资源管理成本

    E. 提升员工参与度和满意度

2. 在进行人力资源外包决策时，企业需要考虑的因素有_____。

    A. 外包服务的成本效益分析   B. 外包服务商的专业能力和服务质量

    C. 外包可能带来的风险和问题   D. 企业自身的战略目标和资源状况

    E. 法律法规对外包活动的限制和要求

3. 人力资源管理信息系统通常包括_____功能模块。

    A. 招聘与选拔模块   B. 绩效与薪酬管理模块

    C. 培训与发展模块   D. 员工关系管理模块

    E. 财务与会计管理模块

4. 下列选项中，_____属于人力资源外包的常见服务类型。

    A. 招聘流程外包（RPO）   B. 员工福利管理外包

    C. 人力资源咨询服务   D. 信息技术外包（ITO）

    E. 业务流程外包（BPO）

5. 实施人力资源管理信息化可能面临的挑战有_____。

    A. 高昂的实施成本和维护费用   B. 员工对新系统的接受度和培训需求

    C. 数据迁移和整合的复杂性   D. 系统安全性和隐私保护问题

    E. 法律法规的遵守和合规性要求

（三）判断题

1. 人力资源管理信息化有助于企业实现人力资源管理战略。　　　　　（　　）
2. 人力资源外包是一种将部分或全部人力资源管理职能交给外部服务商来执行的管理模式。　　　　　　　　　　　　　　　　　　　　　　　　　　　　（　　）
3. 在选择人力资源外包服务商时，价格应该是唯一的决定因素。　　　（　　）
4. 人力资源管理信息系统可以完全替代传统的人力资源管理工作。　　（　　）
5. 电子化人力资源管理（EHR）是人力资源管理信息化的重要体现。　（　　）
6. 人力资源外包可以帮助企业规避所有的人力资源管理风险。　　　　（　　）
7. 实施人力资源管理信息化不需要考虑员工的意见和反馈。　　　　　（　　）
8. 云计算技术的发展为人力资源管理信息化提供了新的可能性。　　　（　　）
9. 人力资源外包服务市场上服务商的水平和质量参差不齐，企业需要谨慎选择。
　　　　　　　　　　　　　　　　　　　　　　　　　　　　　　　（　　）
10. 人力资源管理信息化是一个一劳永逸的过程，一旦实施就不需要再进行更新和优化。　　　　　　　　　　　　　　　　　　　　　　　　　　　　　　（　　）

（四）名词解释题

1. 人力资源管理信息化
2. 人力资源外包
3. 人力资源信息系统（HRIS）
4. 电子化人力资源管理（EHR）
5. 业务流程外包（BPO）

（五）简答题

1. 简述人力资源管理信息化的主要内容和目的。
2. 人力资源外包对企业有哪些潜在的好处和风险？
3. 在实施人力资源管理信息化时，企业需要做好哪些准备工作？
4. 如何评估和选择合适的人力资源外包服务商？
5. 人力资源管理信息化在实施过程中可能遇到哪些挑战？如何应对这些挑战？

（六）论述题

1. 论述人力资源管理信息化对现代企业管理的重要性和影响。
2. 结合实际案例，分析人力资源外包的成功因素及其对企业发展的贡献。

（七）案例分析题

智远科技的人力资源管理信息化与外包实践

随着全球化竞争的加剧和经济环境的变化，人力资源管理在企业中的地位日益凸显。为了应对这一挑战，许多企业开始寻求信息化和外包的解决方案，以提高人力资源管理的效率和灵活性。本案例围绕一家大型跨国公司——智远科技（化名）的人力资源管理信息化与外包实践展开分析。

智远科技的人力资源管理挑战

智远科技作为一家跨国企业，在全球范围内拥有数万名员工。随着业务的快速扩张，公司面临着巨大的人力资源管理压力。一方面，传统的人力资源管理方式无法满足日益增长的管理需求，导致招聘、薪酬、绩效等流程效率低下；另一方面，不同国家和地区的法律法规、文化差异等也给人力资源管理带来了极大的挑战。为了应对这些挑战，智远科技决定对人力资源管理进行信息化改造，并考虑将部分非核心职能外包给专业服务商。

信息化改造之路

系统选型与部署：智远科技经过深入的市场调研和需求分析，选择了一套功能全面、扩展性强的 HRIS 系统。该系统不仅支持招聘、薪酬、绩效等核心人力资源管理功能，还能与公司的其他业务系统进行无缝对接。在系统的部署过程中，智远科技注重数据的迁移和整合，确保信息的准确性和一致性。

员工培训与变革管理：为了让员工更好地适应新系统，智远科技组织了一系列的培训活动，包括系统操作、流程规范等方面的内容。同时，公司还注重变革管理，通过宣传、沟通等方式消除员工的抵触情绪，引导他们积极拥抱信息化变革。

流程优化与再造：借助 HRIS 系统的强大功能，智远科技对原有的人力资源管理流程进行了全面的优化和再造。例如，通过自动化招聘流程，减少了简历筛选、面试安排等环节的人工干预，提高了招聘效率；通过绩效管理系统，实现了对员工绩效的客观评估和及时反馈，激发了员工的工作积极性。

外包策略的实施：在信息化改造的基础上，智远科技进一步考虑将部分非核心人力资源管理职能外包出去。经过综合评估，公司决定将招聘、员工培训、薪酬福利计算等职能外包给一家具有丰富经验和良好口碑的服务商。双方共同制定了详细的外包服务计划，明确了服务范围、质量标准、风险控制等方面的内容。

外包实施后，智远科技的人力资源管理团队得以将更多精力投入到核心业务和战略性工作中，如员工发展规划、组织文化建设等。同时，外包服务商的专业服务也帮助公司提高了招聘质量、培训效果和薪酬福利管理的准确性。

面临的挑战与应对措施

尽管信息化改造和外包策略为智远科技带来了显著的效益，但在实施过程中也遇到了一些挑战。例如，部分员工对变革的抵触情绪、与服务商的沟通不畅，以及数据安全和隐私保护等问题。为了应对这些挑战，智远科技采取了以下措施：

加强与员工的沟通：通过定期的员工大会、座谈会等方式，向员工解释信息化和外包变革的必要性和好处，消除他们的顾虑和担忧。同时，建立员工反馈机制，鼓励他们提出改进意见和建议。

建立与服务商的有效沟通机制：成立专门的外包管理团队，负责与服务商的日常沟通和协调工作。定期召开项目进展会议，共同解决问题，改进服务质量。同时，建立严格的服务商评价机制，对其服务质量和绩效进行定期评估。

　　加强数据安全和隐私保护：制定严格的数据安全和隐私保护政策，明确数据的访问、使用和存储规范。加强网络安全防护和数据加密技术应用，确保数据的安全性和保密性。同时，与服务商签订严格的保密协议和数据处理协议，明确双方的责任和义务。

　　问题：

　　1. 结合案例，分析智远科技在人力资源管理信息化和外包方面的主要成功因素有哪些？分别举例说明。

　　2. 智远科技在实施人力资源管理信息化和外包过程中遇到了哪些挑战？针对这些挑战，你认为还有哪些其他的应对措施或改进建议？请结合你的理解和实践经验进行阐述。

六、参考答案及解析

人力资源管理者职业发展：职业技能等级证书和专业技术资格考试剖析

一、人力资源共享服务职业技能等级证书简介

人力资源共享服务是一种新的管理模式，是一个独立运作的运营实体，通过引入市场化运作机制，为企业内部全体成员服务。它源于戴维·尤里奇在 1997 年提出的 HR 三支柱模型，包括专家中心（center of excellence，COE）、人力资源业务伙伴（human resource business partner，HRBP）和共享服务中心（shared service center，SSC）三方面的内容。它通过对三支柱模型的三个方面进行组织能力再造，使 HR 更好地为组织创造价值。

人力资源共享服务职业技能等级证书以企业人力资源转型深化为背景，以 HR 三支柱模型为基础，以企业人力资源共享服务中心（human resource shared service center，HRSSC）和 HRM 业务实践为指引，专门开发的人力资源管理方向的职业技能等级证书，由用人单位和社会培训评价组织来进行等级认定，并由他们发证。SSC 是通过对人员、技术和流程的有效整合，实现组织内公共流程标准化、精简化的一种创新管控手段。它能够帮助企业实现降本增效、合规风控、提升体验，辅助企业决策。

二、人力资源共享服务职业技能等级证书等级划分

人力资源共享服务职业技能等级证书分为初级、中级、高级三个等级，遵循从简单到复杂，从应会到熟练，从执行到设计和管理的原则，三个级别依次递进，高级别涵盖低级别职业技能要求。上海踏瑞计算机软件有限公司提出的人力资源共享服务职业技能初、中和高等级的技能要求分别如下：初级职业技能要求是夯实人力资源知识基础，达到标准化操作要求，掌握基本的劳动人事政策法规，能够理解人力资源管理标准作业程序（standard operating procedure，SOP），按照 SOP 执行日常工作，按标准进行企业相关人力资源管理服务的交付，具备人力资源工作所需的基础技能。中级职业技能要求是强化人力资源管理技能，能提供人力资源的个性化服务；能够掌握更复杂的人力资源管理业务模块及相关技能，具备较强的沟通能力，以及发现、解决人力资源管理问题的技能。高级职业技能要求是拓展人力资源管理业务领域，设计和创新

人力资源管理服务产品；在人力资源专业业务模块的基础上，增加人力资源服务产品及流程的设计、人力资源业务的智能化再造、人力资源数据分析、人力资源运营管理等拓展技能，具备优秀的沟通协调能力及综合解决复杂人力资源管理问题的能力。

人力资源共享服务职业技能等级证书标准见表1至表3。

表1 人力资源共享服务职业技能初级证书标准

工作领域	工作任务	职业技能要点	备注
1. 人事服务	1.1 入转调离服务	5 个技能点	4 个工作领域、14 个工作任务、56 个技能点
	1.2 假勤统计	4 个技能点	
	1.3 档案管理	5 个技能点	
	1.4 劳动合同管理	4 个技能点	
	1.5 沟通支持服务	3 个技能点	
2. 薪税服务	2.1 薪资核算与发放	4 个技能点	
	2.2 个税申报	4 个技能点	
	2.3 社保/公积金服务	4 个技能点	
3. 招聘支持	3.1 职位发布	4 个技能点	
	3.2 简历搜寻及筛选	4 个技能点	
	3.3 测评与背景调查支持	3 个技能点	
4. 培训服务	4.1 培训实施支持	5 个技能点	
	4.2 培训反馈调研	3 个技能点	
	4.3 供应商日常沟通	4 个技能点	

资料来源：上海踏瑞计算机软件有限公司。

表2 人力资源共享服务职业技能中级证书标准

工作领域	工作任务	职业技能要点	备注
1. 人事服务	1.1 员工关系维护	4 个技能点	4 个工作领域、14 个工作任务、53 个技能点
	1.2 人才安居服务区	4 个技能点	
	1.3 涉外服务	4 个技能点	
	1.4 员工投诉处理	3 个技能点	
2. 薪酬福利服务	2.1 薪酬调研支持	4 个技能点	
	2.2 薪资发放管理	4 个技能点	
	2.3 薪酬常规报表支持	3 个技能点	
	2.4 福利管理	4 个技能点	
3. 招聘服务	3.1 面试邀约	4 个技能点	
	3.2 面试组织	4 个技能点	
	3.3 面试后续跟进	3 个技能点	
4. 人力资源数字化应用	4.1 人力资源数据核查	3 个技能点	
	4.2 人力资源数据分析	4 个技能点	
	4.3 人力资源数据报表服务	3 个技能点	

资料来源：上海踏瑞计算机软件有限公司。

表 3　人力资源共享服务职业技能高级证书标准

工作领域	工作任务	职业技能要点	备注
1. HRSSC 运营管理	1.1 下属业务审核与绩效管理	4 个技能点	3 个工作领域、 10 个工作任务、 38 个技能点
	1.2 运营风险管理	4 个技能点	
	1.3 客户满意度管理	4 个技能点	
	1.4 HR 供应商管理	4 个技能点	
2. HR 产品 设计与运营	2.1 HR 服务产品设计与优化	4 个技能点	
	2.2 HR 业务流程设计与优化	4 个技能点	
	2.3 HR 服务产品运营	3 个技能点	
3. 人力资源 数字化应用	3.1 人力资源数字化支持	4 个技能点	
	3.2 数据分析与监控	4 个技能点	
	3.3 数据报表体系规划	3 个技能点	

资料来源：上海踏瑞计算机软件有限公司。

经济专业技术资格考试
人力资源管理专业考试大纲

一、经济专业技术资格考试　人力资源管理专业知识与实务(初级)考试大纲

(一) 考试目的

测查应试人员是否理解和掌握个体心理与行为、团体心理与行为、工作态度与行为、人力资源管理职能、工作分析、招募与甄选、绩效管理、薪酬福利管理、培训与开发、员工关系管理、劳动法律关系、就业与职业培训、招用人员、劳动标准与劳动保护等相关的原理、方法、技术、规范（规定）等，以及是否具有从事人力资管理专业实务工作的初步能力。

(二) 考试内容与要求

第一部分，组织行为掌握基础。

1. 个体心理与行为

辨析人格、智力与能力、情绪与情感、态度与行为、价值观，运用人格特质理论、智力结构基本理论、情绪理论、态度形成理论、态度改变理论、自我价值定向理论等分析个体心理与行为。

2. 团体心理与行为

理解团体和团体规范，分析团体压力下的个体行为，辨析团体凝聚力的作用和影响因素，诠释团体的社会影响，理解团体内部沟通和沟通的过程与方式，克服沟通障碍、实施有效沟通，分析团体决策的特点，避免团体极化和团体思维，运用团体决策技术实施有效的团体决策。

3. 工作态度与行为

理解工作满意度、工作投入度、组织承诺以及三者之间的关系。分析影响工作满意度和组织承诺的因素。分析工作满意度和组织承诺的影响后果、分析工作满意度的特点，理解工作满意度的主要理论模型。实施科学、有效的工作满意度调查。

第二部分，人力资源管理。

1. 人力资源管理概述

理解主要经济理论、管理学、企业资源基础理论对人力资源的分析和论述，辨析人力资源的特性，理解人力资源管理产生与发展的历史，诠释人力资源管理的功能、作用、基本职能，分析中上层管理者的人力资源管理责任。

2. 工作分析

理解工作分析的流程和各阶段的主要工作内容，比较各种工作分析方法的优缺点和适用范围，编制工作说明书，理解工作研究的操作流程，提高作业能力、减少劳动疲劳、实施安全目标管理、预防事故，诠释工作设计的目的及内容，运用工作设计方法实施工作设计。

3. 招募与甄选

分析影响员工招募的主要因素，理解招募的基本战略，选择招募来源和招募渠道，根据招募程序实施员工招募，理解员工甄选标准，选择甄选方法，根据甄选程序实施人员甄选。

4. 绩效管理

理解绩效考核与绩效管理的区别和联系，分析绩效考核在人力资源管理中的作用，设计绩效考核体系，选择恰当的绩效考核方法实施绩效考核。

5. 薪酬福利管理

分析薪酬的构成，理解影响薪酬设定的因素，比较各种薪酬体系在设计流程上的差异，分析薪酬水平定位策略，开展薪酬水平和薪酬结构设计，根据各种奖励计划的特点设计奖励计划，理解员工福利的构成和作用，制订福利计划，实施员工福利管理。

6. 培训与开发

理解培训与开发的目的，比较不同类型培训与开发的内容和特点，选择培训与开发方法，设计培训与开发体系，开展培训与开发的需求分析，制订培训与开发计划，实施培训与开发，评估培训与开发的效果，对培训与开发进行监督和改进。

7. 员工关系管理。实施员工入职、在职及离职管理，制定和执行企业规章制度，开展员工情绪管理和职业安全与健康管理，制订和执行员工援助计划。

第三部分，人力资源与社会保险政策。

1. 劳动法律关系

理解劳动法和劳动法律关系，分析劳动法的调整对象和我国劳动法的适用范围，辨别劳动法律关系的主体、客体及劳动法律关系主体的权利义务，掌握劳动法的表现形式和主要制度，了解有关国际劳工公约。

2. 就业与职业培训

理解就业服务、职业培训、职业资格证书制度，掌握国家有关促进就业、公平就业与就业援助、失业管理与职业培训、职业中介、职业资格证书制度、涉外就业等方面的法律法规规定，处理就业与职业培训相关问题。

3. 招用人员

理解法定用工形式、劳动合同、社会保险、事业单位人事管理制度，掌握国家有关招聘、就业登记、录用、职工名册及劳动合同订立、参加社会保险、事业单位人事管理等方面的法律法规规定，运用相关法律法规实施招用人员管理。

4. 劳动标准与劳动保护

理解工作时间、工资、职工福利，掌握国家有关工作时间、休息时间、工资及工资支付、最低工资保障制度、职工福利、女职工和未成年工特殊保护、工作场所劳动保护等方面的法律法规规定，运用有关法律法规处理劳动标准与劳动保护相关问题。

二、经济专业技术资格考试 人力资源管理专业知识与实务(中级)考试大纲

(一) 考试目的

测查应试人员是否理解和掌握组织激励、领导行为、组织设计和组织文化、战略性人力资源管理、人力资源规划、人员遴选、绩效管理、薪酬福利管理、培训与开发、劳动关系、劳动力市场、工资与就业、人力资本投资、劳动合同管理与特殊用工、社会保险法律、社会保险体系、劳动争议调解仲裁、法律责任与行政执法、人力资源开发政策等相关的原理、方法、技术、规范（规定）等，以及是否具有从事人力资源管理专业实务工作的能力。

(二) 考试内容与要求

第一部分，组织行为学。

1. 组织激励

理解需要与动机，分析激励与组织绩效的关系，理解主要的激励理论，应用激励理论实施激励。

2. 领导行为

理解领导、领导角色、领导风格对组织管理的意义，理解决策对于领导的意义，分析关于领导、领导风格、领导技能、领导决策的理论和研究，评估领导风格和决策风格，发展领导技能。

3. 组织设计与组织文化

理解组织结构和组织设计，根据组织设计的程序和不同类型组织的特点开展组织设计，理解组织文化的功能、内容和结构，分析组织文化的类型，理解组织设计与组织文化的关系，应用组织变革的方法、程序及组织发展的方法实施组织变革和组织发展。

第二部分，人力资源管理。

1. 战略性人力资源管理

理解战略性人力资源管理与组织战略管理的关系，分析人力资源管理在组织战略规划和战略执行过程中的作用，采用战略性人力资源管理工具和恰当的管理方法实施战略性人力资源管理，建立高绩效工作系统，实施人才管理。

2. 人力资源规划

理解人力资源规划的意义和作用，分析人力资源需求预测、供给预测的影响因素，制定平衡人力资源供求关系的组织对策，选择恰当的人力资源需求预测、供给预测，以及供需平衡的方法开展人力资源规划。

3. 人员甄选

理解人员甄选对组织的价值，采用常用的信度、效度等指标评估人员甄选方法的可靠性和有效性，选择恰当的人员甄选方法实施有效的人员甄选。

4. 绩效管理

理解绩效管理的作用，辨别绩效管理有效实施的影响因素，制订绩效计划，实施绩效监控，选择恰当的绩效评价技术和方法实施绩效考核，监控绩效考核的实施，设计绩效反馈方案，合理使用绩效考核结果，制定绩效改进措施，对特殊群体绩效实施绩效考核。

5. 薪酬福利管理

理解不同组织战略下薪酬管理的差异，建立全面薪酬战略，开展薪酬体系设计和薪酬结构设计，诠释职位评价和薪酬调查的原则、流程和步骤，实施职位评价和薪酬调查，根据各种奖励方式的特点设计和实施奖励计划。设计员工福利计划，实施员工福利管理，根据工作性质和工作环境设计符合特殊群体特点的薪酬模式，选择恰当的方法实施薪酬预算和薪酬成本控制。

6. 培训与开发

制定培训与开发决策，组织和管理培训与开发活动，评估培训与开发的效果，运用科学的方法实施职业生涯管理，评估职业生涯管理的效果。

7. 劳动关系

理解劳动关系的概念、特征、类型，理解我国劳动关系调整体制，发展和谐劳动关系，实施企业解决劳动争议问题的制度和方法。

第三部分，劳动力市场。

1. 劳动力市场

理解劳动力市场的特征、结构及运行的基本原理；运用劳动力供给理论分析失业的类型、原因，提出减少失业的对策。

2. 工资与就业

理解工资水平和工资差别的基本原理，界定和统计就业、失业，劳动力供求理论、劳动力市场均衡及变动原理，分析劳动力市场的现实问题。

3. 人力资本投资

理解人力资本投资的一般原理，掌握人力资本投资收益分析的基本方法，分析高等教育的成本与收益，区分在职培训的基本类型，理解在职培训成本、收益的分摊与分配的基本原则，分析在职培训对企业雇佣政策和员工流动行为的影响，理解劳动力流动对企业和员工的影响，分析影响劳动力流动的因素和造成各类劳动力流动的原因。

第四部分，人力资源与社会保险政策。

1. 劳动合同管理与特殊用工

理解劳动合同履行的原则，依法履行、变更、解除、终止劳动合同，依法制定和实施劳动规章制度，依法管理特殊用工，协调劳动关系。

2. 社会保险法律

理解社会保险法律关系的主体、客体，以及社会保险法律关系的产生、变更和消灭，掌握我国近年来社会保险制度的改革概况，理解社会保险法律适用的基本原则、要求和规则，理解我国社会保险法的立法原则和基本内容。

3. 社会保险体系

理解基本养老保险、基本医疗保险、工伤保险、失业保险、生育保险等社会保险制度，以及有关的法律、法规、规章和政策规定，处理社会保险实务。

4. 劳动争议调解仲裁

理解劳动争议处理制度及其基本制度，理解劳动争议调解仲裁法律制度及其基本内容，分析劳动争议当事人的权利、义务及举证责任，理解劳动争议处理和劳动争议诉讼的程序，处理劳动争议。

5. 法律责任与行政执法

理解劳动法律责任和社会保险责任，理解劳动监察的属性、形式、机构、程序、处罚方式，理解人力资源和社会保障行政争议的范围，以及处理行政争议的有关法律规定，处理行政复议与行政诉讼相关实务。

6. 人力资源开发政策

理解人力资源开发中的教育培训、评价发现、激励保障、管理使用、流动配置等方面的政策规定，处理职业培训、继续教育、职业资格、职称职业技能等级、创新创业激励、绩效工资、人员奖励、岗位管理、聘用管理、干部管理人员流动等方面的管理实务。

三、经济专业技术资格考试 高级经济实务（人力资源管理）考试大纲

（一）考试目的

测查应试人员是否具有从事高级人力资源管理实务的综合能力素质。要求应试人员理解组织行为学和劳动经济学等相关理论，掌握人力资源管理与开发的原理、方法、技术、规范（规定），科学开展人力资源管理工作的组织、督导和研究等。

（二）考试涉及的专业知识与实务

本科目题型设置多样，考核点复合程度较高。应试人员作答试题需要综合、灵活应用有关专业理论和政策法规，合理、深入地进行判断、分析或评价。考试涉及的专业知识与实务范围如下：

1. 组织行为学

这包括个体心理与行为、团体心理与行为、工作态度与行为、组织激励、领导行为、组织设计、组织文化、组织变革与发展等。

2. 人力资源管理

这包括战略性人力资源管理及实施过程，战略性人力资源管理的内容：人力资源供给和需求预测，人力资源供需平衡的对策；工作分析的方法，工作说明书的内容，工作研究，工作设计；招募战略、程序和渠道，人员甄选的有效性、程序和方法；战略性绩效管理，绩效计划与绩效监控，绩效管理工具，绩效评价技术，绩效反馈与结果应用，特殊群体的绩效考核；薪酬水平及薪酬结构设计；奖金、员工福利、股权激励，特殊群体的薪酬管理，薪酬成本预算与控制；人员培训与开发决策分析，培训与

开发的程序和方法，职业生涯管理；员工入职、在职及离职管理，员工情绪管理，职业安全与健康，员工援助计划；我国劳动关系调整的机制，和谐劳动关系的建设，企业解决劳动争议的制度和方法等。

3、劳动经济学

这包括劳动力市场的基本原理，工资与就业的基本原理，人力资本投资的基本原理等。

4. 人力资源与社会保险政策

这包括劳动法和劳动法律关系，就业与职业培训方面的法律法规规定，招用人员方面的法律法规规定，劳动标准与劳动保护方面的法律法规规定，劳动合同管理与特殊用工方面的法律法规规定，社会保险法律的立法原则和基本内容，社会保险体系的法律、法规、规章和政策规定，劳动争议调解仲裁法律制度和基本内容，劳动法律责任与行政执法的法律规定，人力资源开发中的教育培训、评价发现、激励保障、管理使用、流动配置等方面的政策规定等。

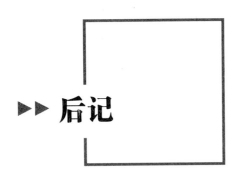

▶▶ 后记

　　2021 年新疆科技学院人力资源管理专业获批新疆维吾尔自治区一流本科专业建设点，2023 年秋季学期本科教学开始全面使用马工程教材——《人力资源管理》，同时获批智慧人力资源管理学科专业建设引领团队——"小组团"援疆与柔性援疆专家人才项目。为了更好地辅助教师教学，团队教师决定编写《人力资源管理学习指南与练习》教辅材料，经过一年的努力，本教材的编撰任务终于完成并付梓出版。特别要感谢新疆科技学院工商管理学院及西南财经大学出版社，他们为本教材的出版提供了大力支持。同时，在本教材编撰过程中，我们广泛参阅了国内外已出版的相关教材，借鉴了部分内容，在此，也一并表示感谢。